誰でも

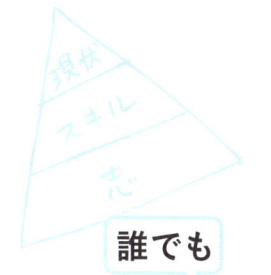

デキる人に見える

図解de仕事術

図解改善士 多部田憲彦

Tabeta Norihiko

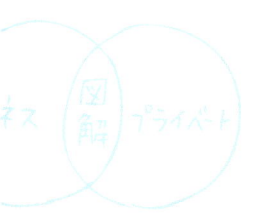

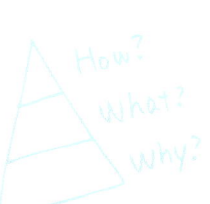

はじめに

誰かに話をしているとき、「何が言いたいのかわからない」「もっとわかりやすく話して」などと言われたことはありませんか?

実は、そうした悩みをズバリ解決できる方法があります。

それは、**シンプルな図を描くことで問題点を明確にし、改善方法を考える「図解改善」**です。

この方法を身につければ、自分の頭の中をスッキリと整理したり、論理的な説明ができるようになります。会議や打ち合わせといったビジネスはもちろん、プライベートにだって十分に役立つスキルなのです。

どんなに説明しても相手にうまく伝わらず、悩んでしまう人の気持ち、私にはよくわかります。

実は、以前の私もそうだったからです。

私は、小学生の頃から「どもり症」。話をしていると、「あ、あ、ありがとうございます」のように、言葉がつかえてしまうことがあります。そのせいで、高校時代までは引っ込み思案な子どもでした。大学に入ってからは多少外向的になりましたが、それでも、「話し下手」という苦手意識は拭いきれませんでした。

このままではマズイと強く感じるようになったのは、大学卒業後、前職の光ファイバーメーカーに就職してからでした。

上司や取引先の担当者に説明をしても、こちらの意図が全く伝わらなかったのです。

皆さんは、たくさんの仕事を抱えて忙しい方ばかり。私がモジモジと説明していると、すぐに「早く結論を言ってくれ」「結局、何が言いたいんだ?」などの言葉が飛んできました。

危機感を感じた私は、自腹を切り、話し方講座やプレゼンテーションセミナーに通いました。

当時は、きちんとした話し方さえ身につければ、相手に伝わる説明ができるようになると思っていたのです。

しかし、あるセミナーの講師からいただいた言葉は、私にとって衝撃的でした。

「多部田さんは、話し方は下手じゃありません。むしろ、上手なほうですよ。それより問題なのは、論理的思考能力が足りないことですね」

これまで課題だと思っていた「話し方」は、弱点ではないというのです。

そして、説明が相手に伝わらない原因は、「論理的思考能力の欠如」にあると指摘されました。

私は頭を抱えました。

確かに、当時の私には論理的思考能力が足りませんでした。何しろ、高校時代には数学のテストで「0点」を取ったこともあります。

また、大学で必須科目だった数学も、テストは教科書持ち込みＯＫの「楽勝科目」だったので、どうにか卒業できた程度。筋道を立てて考えることは、大の苦手だったのです。

どうやったら論理的に考えられるのか、私には全くわかりませんでした。結局、それから1カ月近く、私は悩み続けたのです。

ターニングポイントになったのは、社会人1年目の盆休み明けのことです。

私は「改善の師匠」として尊敬している製造現場のリーダーから、図解の素晴らしさを学びました。

そして、そのノウハウを入社2年目で任されたタイ工場の改善活動で試したところ、面白いほど、タイ人と意思疎通ができるようになったのです。また、日本人と問題を解決する際にも大いに役立ちました。

私のどもり症は、今も治っていません。

しかし、図解によって問題を解決できるようになって、仕事やコミュニケーションの能力は劇的に高まりました。

現在、私は転職先の日産自動車とルノーの共同購買組織に在籍し、サプライヤー・パフォーマンス・マネージャーとして、年に１０００億円を超える取引を任されるようになっています。

また私は、サラリーマンをしながら週末に勉強会を行い、「図解改善士」と名乗っています。おそらく、かなりの方にとって、この肩書きは初耳でしょう。なぜなら、これは私が勝手に自称しているものだからです。

２０１０年に始めた「図解勉強会」は、おかげさまで、毎回満席です。約3年間で、参加者は６００人を突破しました。

Prologue

図解 de 仕事術

NHKの番組に出演し、図解が苦手な若手ビジネスマンに図解改善を紹介したこともあります。司会だったお笑いコンビ・アンジャッシュの児嶋一哉さんや、ゲストの辺見えみりさんには、「その手描き図だったら、私でも描ける」と共感いただきました。

また、ビッグトゥモロー・アントレなどの雑誌に取り上げられたり、久保田崇氏著のベストセラー『官僚に学ぶ仕事術』(毎日コミュニケーションズ)の図版を担当したこともあって、徐々に認知いただいているようです。

さらに、文房具メーカーのコクヨと、セミナーのコラボレーションや、商品開発へのアドバイスを行うなど、活動範囲も広がっています。

その結果、図解改善を活用し、問題解決できた事例が、勉強会の受講生から報告されるようになってきたのです。つまり、**図解改善は、私以外の方にも有効なノウハウである**と確信を持てるようになりました。

図解をテーマにした本やセミナーは、世の中にたくさんあります。ただ、それらの多くは、若手ビジネスマンにとって取っつきにくいもの。取り扱われる題材は「経営戦略」など身近ではないものですし、図もパソコンを使って美しく描くことが多いのです。

多くの若手ビジネスマンが求めているのは、「明日会うお客さんと、どう話せばいいんだろう?」「今日中に、優先して処理する仕事は何だろう?」など、身近な問題を図解で解決する方法。そのため、本書は目の前の課題を解決したいと思う若い世代の方の役に立つように書きました。

どもり症で、論理的思考能力も低かった私が問題解決能力を高められたのは、ひとえに図解改善のお陰です。

このノウハウを広めることが、私にとって大きなミッションだと考えています。

1人でも多くの方が図解改善術を知って、ビジネスやプライベートに生かしてくだされば、私にとっては望外の喜びです。

２０１３年４月

図解改善士　多部田憲彦

Chapter 1 図解 de 認められる

Chapter

2

図解が苦手な人の10 no 誤解

Chapter 3
○△＋⇨で考える たった4つ no 図解思考

Chapter

4

紙とペンだけあれば 図解 de 問題解決できる

Chapter 5 転職に使える図解de自己分析

Chapter 6 商談に使える図解deコミュニケーション

Chapter 7
思考を見える化する図解atama習慣

図解de
認められる

Chapter
1

1 口べたでも相手に通じる

私が担当しているのは、世界中の企業と交渉してモノを仕入れる「バイヤー」という仕事。日本はもちろん、中国などのアジア諸国に加えて、アメリカ、ヨーロッパなどの営業担当者と話をしながら仕事を進めています。また、週末には図解勉強会で講師を担当することもあります。

そのため、私のことを「生まれながらの話し上手」ではないかと考える人もいますが、「はじめに」でも書いたように、私は「どもり症」。話すことに今でも苦手意識を持っていますが、それでも図があるから、しっかり意志を通じ合えているのです。

大きな転機が訪れたのは、入社1年目のこと。

私は「カイゼン」のノウハウを学びたいと考え、生産工場への配属を希望しました。そこで出会ったのが、高校を卒業後工場で働き始め、現場では「カイゼンの師匠」と呼ばれるベテラン。そして、彼の必殺技が、手描きの図解を使った分析方法だったのです。

(個/日)

工程	生産能力
切る	70→120
収容する	100
検査する	70

図解の威力を初めて知ったのは、あるミーティングでした。

その工場では光ファイバー関連の機器を作っていたのですが、先輩の１人が「光ファイバーを切る機械のスピードを毎日70個から１２０個に速めることで、生産効率を飛躍的に高められる」と主張したんです。

私は、先輩の意見をなるほどなあと聞いていました。

ところが、私の近くにいた「カイゼンの師匠」は、ぼそりと「あいつ、何も考えてねえっぺ」とつぶやいたのです。

私はビックリして、先輩の意見のどこがまずいのか、師匠に聞いてみました。

すると師匠は、「あいつには『悪さ』（カイゼンすべき点）が見えてねえんだよ」と答え、さらさらと上のような図を描いてくれたのです。

機器を作るには、光ファイバーを切る工程だけでなく、それを機械に収容し、さらにきちんと動作するか検査することも必要でした。

もし、光ファイバーを切る工程を大幅に効率化しても、検査する工程が1日あたり70個しか処理できなければ、ここがボトルネックになってしまい、最終製品の生産能力は増えません。工場としての生産効率を高めるためには、収納・検査の工程も、120個/日製造できるよう能力増強が必要なのです。

私は、頭を殴られたような衝撃を受けました。

頭の中だけで考えているだけでは見えなかったことが、一枚の図表を描くだけで、こんなに明確に整理できるのか！

このとき、私は図解の素晴らしさを目の当たりにしたのです。

2 感情論にならず、冷静に結論を導ける

仕事をしていると、時には相手に厳しいことを言わなければならないこともあります。取引先に対して製品・サービスの欠点を指摘することもあるでしょうし、部下のミスを注意することだってあるでしょう。

こうしたとき、言葉だけでやりとりをすると、感情論に陥る危険性が大きいですよね。相手にとって厳しいことを言われる根拠がはっきり見えないため、「怒られた！」という怒りだけが後を引きやすいからです。

一方、図解によって事実や根拠をきちんと示せば、感情的になることなく結論を導けるのです。

私には、日本だけでも数人ですが部下の立場の人がいます。私は話すことが下手なので、部下の感情を逆なでしないよう、話し方には気を遣います。

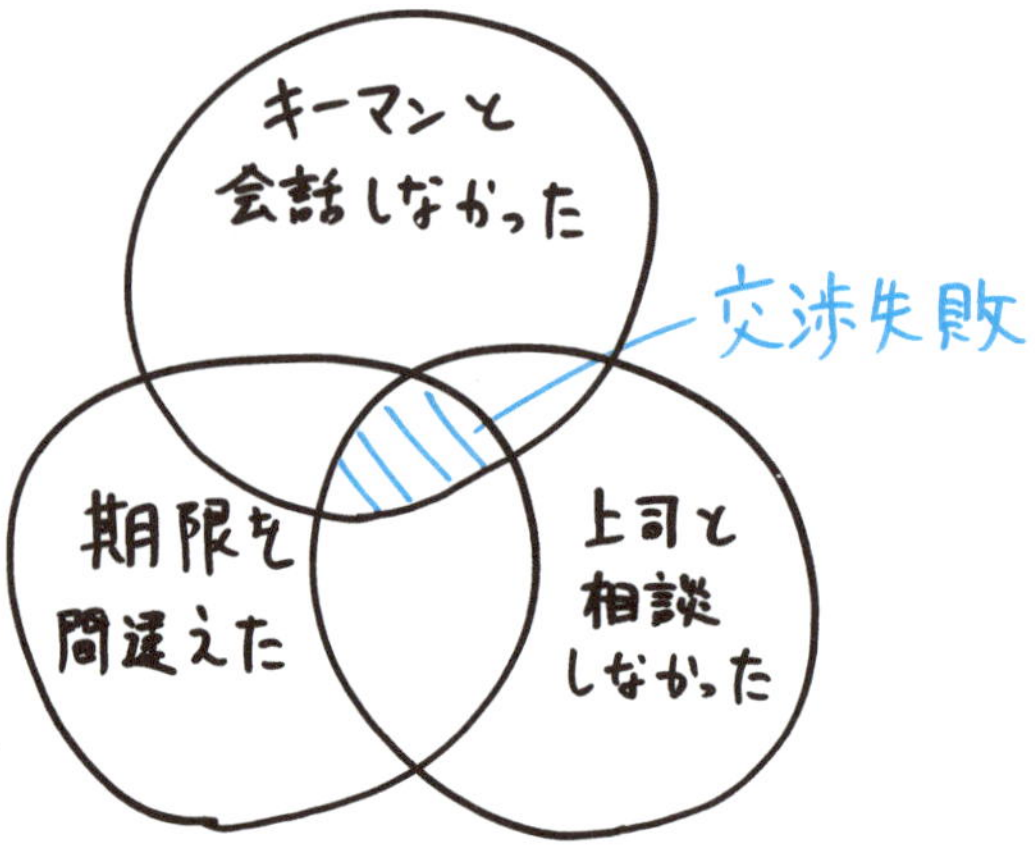

たとえば、部下が取引先との交渉に失敗したとしても、頭ごなしに怒鳴るなんてことは絶対にしません（そもそも怒鳴るようなキャラクターではないですし、感情的になると、どもってしまいます）。

怒鳴って、彼の行いを否定するだけでは、彼は反発してやる気を失ってしまうでしょう。また、次につながる改善策も浮かんできません。

そこで、図を描いて示して話すようにしています。

仕事で失敗をした部下は、悔しさや恥ずかしさなどで落ち着きを失っているはず。

でも、交渉が失敗に終わった理由を図解して一緒に整理すると、彼は問題を客観的にとらえて、冷静になって反省すべきポイントを見つめ直すことができるのです。

もし、先方のキーマンと事前に話せなかったことが敗因だったとしたら、次からは、その人との面談を最優先でセッティングすればいいでしょう。

期限を間違えたのが失敗の原因なのであれば、スケジュール管理を改善すべきです。

このように、**図を元に考えれば、失敗を前向きに役立てることもできる**のです。

3 会話の主導権を握れる

会議の場では、とかく、声の大きな人のペースでものごとが進んでしまうものです。

論理的ではないし、優れた意見を言っているわけでもないのに、勢いがあって自信たっぷりの人が会議を牛耳るのを見て、悔しい思いをした読者の方も多いのではないでしょうか。

特に、外国人と一緒に行う会議では、大勢の人が自分の意見を主張してまとまらなくなることがよくあります。

私の勤務する会社は国際色豊かですが、経験上、インド人やフランス人などと会議を行うと、混乱してしまうケースが多いように思います。彼らは、人の話を途中で遮ることもありますが、自分の話は止めません、まったく。

しかし、**図解のスキルを身につければ、どんな会議でも主導権を握ることができます。**

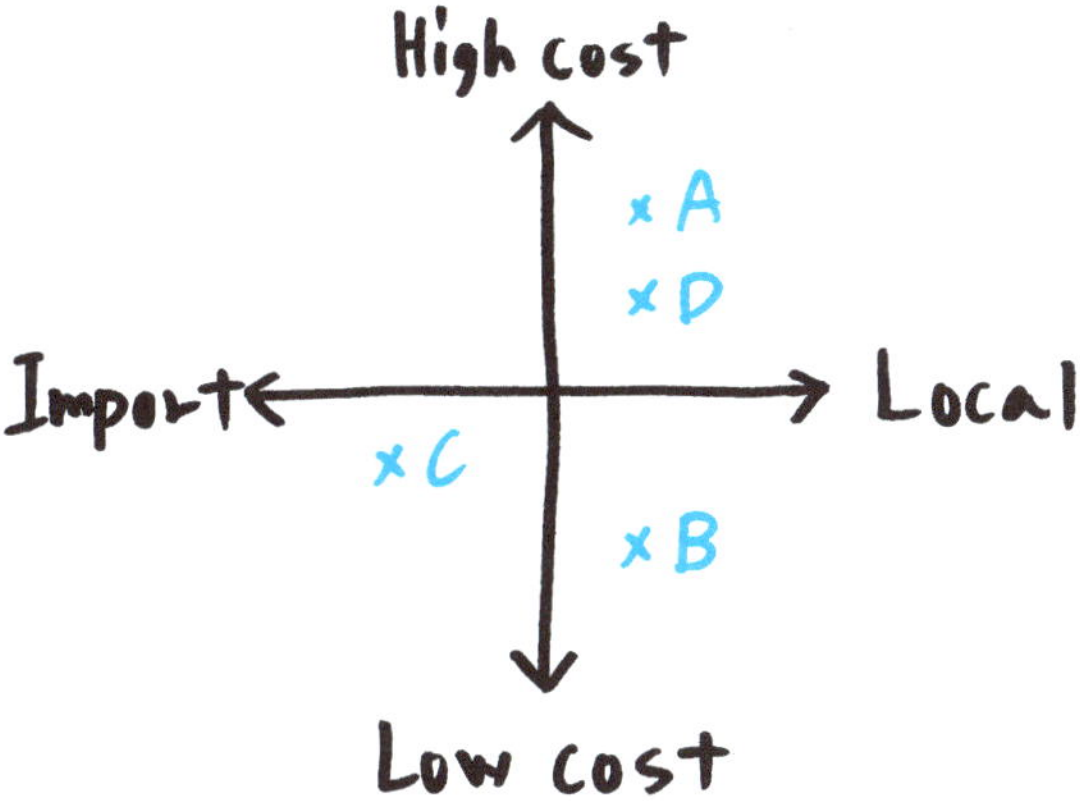

これは、インドへ出張中に、インド人バイヤー達とある原材料の購入先を決める会議で、私が描いた図です。

それまで、購入先の企業を各担当がそれぞれアピールして紛糾していましたが、「国産か外国産か」「価格が高いか安いか」という2つの軸を使って分類し、全員の意見を整理することで、スムーズにB社をメインの購入先にすることに決まりました。

英語がペラペラでなくても、声が大きくなくても、自然に「議長役」として尊重してもらえるのです。

ちなみに、私の英語力は、典型的なジャパニーズ・イングリッシュで、「adjust」という単語を、〝アジャスト〟ではなく、〝アドジャスト〟と発音し、インド人から修正を促されるほどです。

さらに、人の意見をまとめて図にすることで、議論の味方を増やすことも可能です。人というものは、自分の意見を受け入れ、共感してくれる人に親しみを感じるもの。誰かの意見を聞いてそれを図に整理すると、その人は「ああ、私の意見をきちんと理解してくれているんだ！」と感じてくれるのです。

図を描いて状況を整理するだけで、会議の中心人物になれる。

これは、図解の意外なメリットの1つです。

4 文字を書くより早く納得させる

私は海外出張に出たときに、現地の役員などに説明をすることがあります。役員は例外なく多忙なので、与えられる時間は1、2分しかないこともあります。よくエレベータートークなどと言いますが、時には、廊下などを歩きながら説明することだって珍しくありません。

そんなときに役立つのが、図解です。

次ページの図は、ある役員に、原材料の購入先であるA社・B社の年間購入額を示した図です。

A・B両社から購入できる金額は、たった20Million USD（約20億円）しかなく、残りの購入分は、A社かB社の独占状態になっていることを説明するときに描いたものです。

言葉で

「A社からの購入額が100Million USD、B社からの購入額が500Million USDで、両社か

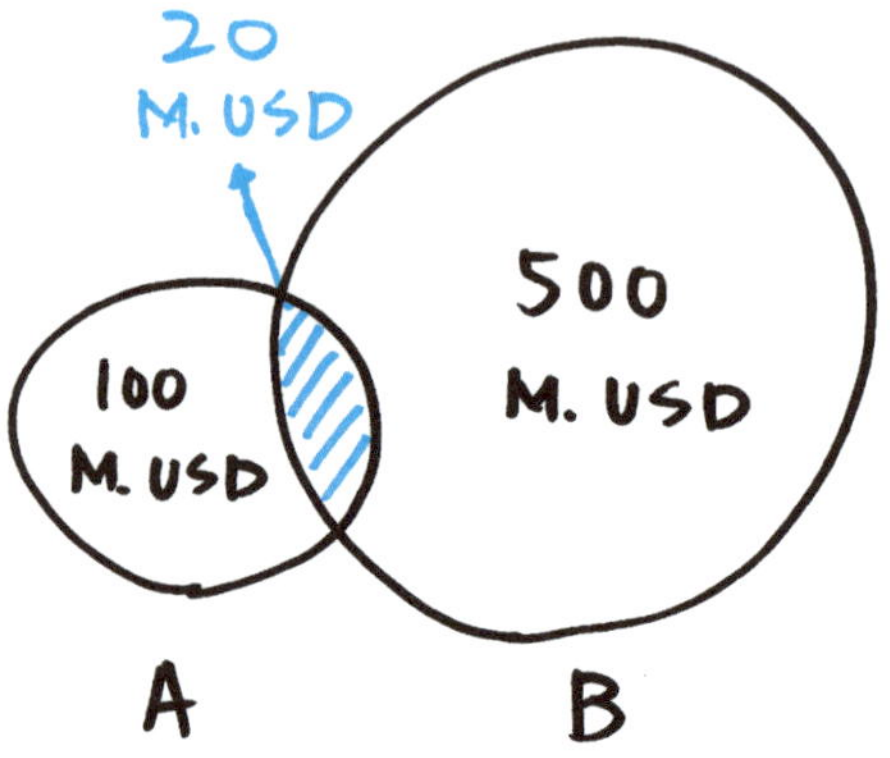

ら購入できる金額は、たった20Million USDです。

だから【A・B社の独占状態を改善するためにA・B両社から購入できる品種を増やすべきではないか？】」

と伝えても、なかなか頭には入ってきませんし、時間もかかります。

ところが、こうして図にすれば、状況が短時間で伝えられるのです。

さて、ここまで読んでいただいた皆さんにはすでにおわかりのように、私が描くのは、どれも手描きの汚い図です。

時々、「多部田さんは、よくこんな図を公開できますねえ」と感心されるほど。

でも、これで構わないのです。

Chapter 1
図解 de 認められる

図解の第一の目的は「美しく描くこと」ではありません。あくまで、「こちらの意図を正確に伝えること」なのです。

キレイな図にこだわって時間をかけすぎるようでは、本末転倒だと言えるでしょう。

1つの図は、1分以内で描きあげる。
キレイに描こうと思わず、手描きで済ませる。

この鉄則を忘れないことが、スピードアップには欠かせません。

5 議事録は1分で完成させる

会議の議事録は、若手に任されることが多いものです。読者の中には、これを苦手としている人もいるのではないでしょうか。

議事録を作るのが苦手な人には、大きく分けて2つの問題があります。

1つ目は、重要な点を会議中に確認しないこと。会議から何日か経った後、メモを見ながら「ええと、あの会議で大事なことは何だっけ?」と思い出そうとするのは、時間も手間もかかります。

2つ目の問題は、会議の途中経過なども盛り込み、ムダに長い議事録を作ってしまうことです。議事録は、A4・1枚程度に結果をまとめるのが原則。あまりに長いと、電化製品の説明書のように、誰にも読まれずに放置されてしまいます。

私がお勧めするのは、**会議の間から図解を使って論議の内容を見える化して、その場で出席者から確認を取る**ことです。

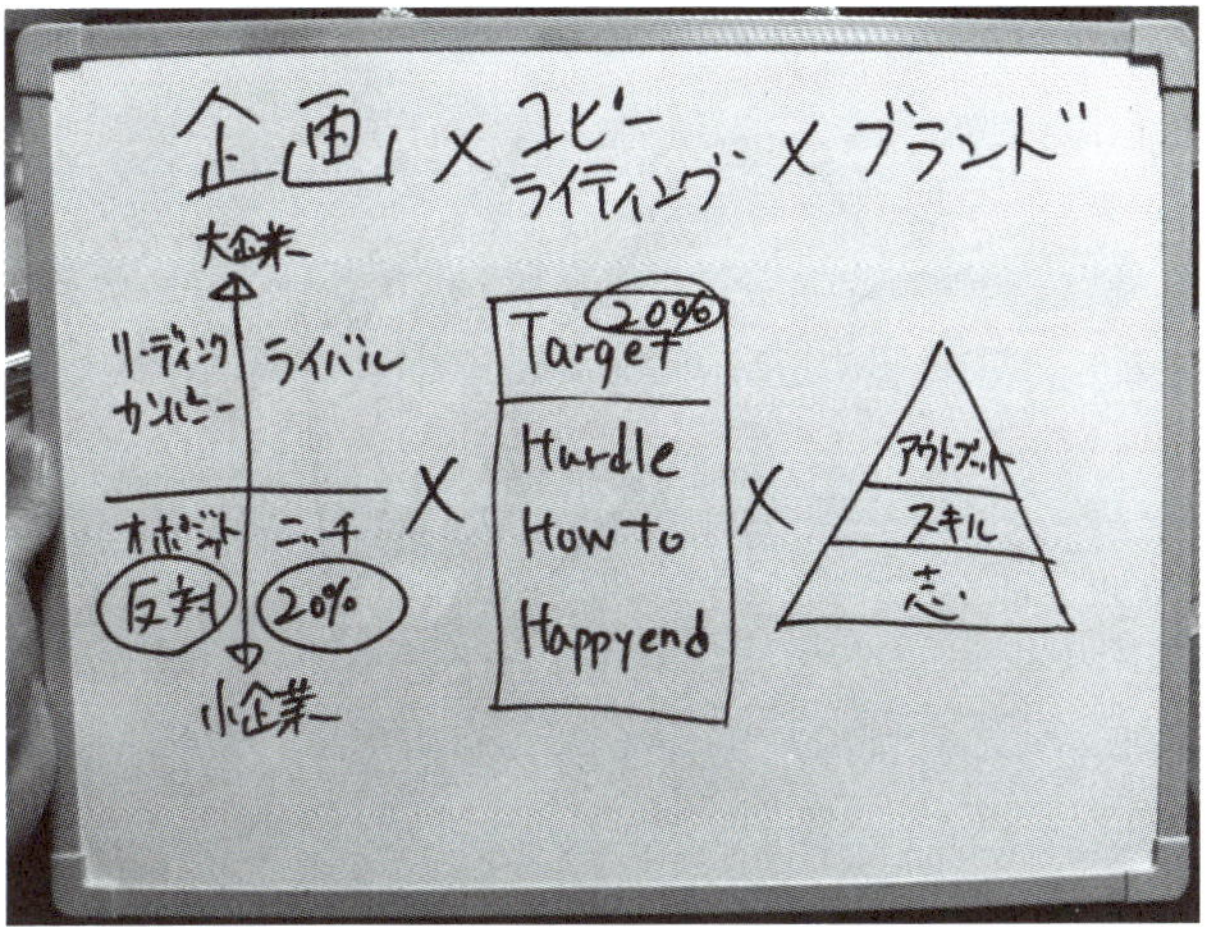

1分で「この会議で大事なポイントは、〜と〜ですね？」と確かめ、それをカメラで撮影。あとは、その写真を書類に貼りつけるだけで、簡単に議事録ができあがってしまうのです。

たとえば上の図は、図解勉強会のポジショニングと、ターゲット・ブランディングについて、運営メンバーと論議したときのまとめを図解で示した議事メモです。

会議の結論を図解でまとめるメリットは、議事録が簡単に作れることだけではありません。

会議をまとめる「ファシリテーター役」として周囲から重宝がられますし、何より、会議の中身が頭に残りやすくなるのです。

6 共同作成で双方向のコミュニケーションが取れる

私は普段から、A4サイズのホワイトボードを持ち歩き、顧客や同僚などの前で図解を行っています。

その際、こちらが描いた図に、さらに要素を書き加えてもらうこともあります。

たとえば、左ページはある取引先の状況について、その社の担当者と描いた図解です。

なかなか条件がかみ合わない中で、私は「強み－弱み」「自社－他社」という枠組みだけを描き、その中の要素を一緒に書き込みました。

その会社の強みは、サービスの価格が圧倒的に安いこと。一方、サポート要員が海外にしかいないため、突然のトラブルに対応が遅れる傾向にありました。

一方、ライバル企業には「サービスの価格は高いが、サポート要員は24時間体制で待機しているため、緊急時の対応が素早い」という特色がありました。

この図を2人で作っていくうちに、その担当者は

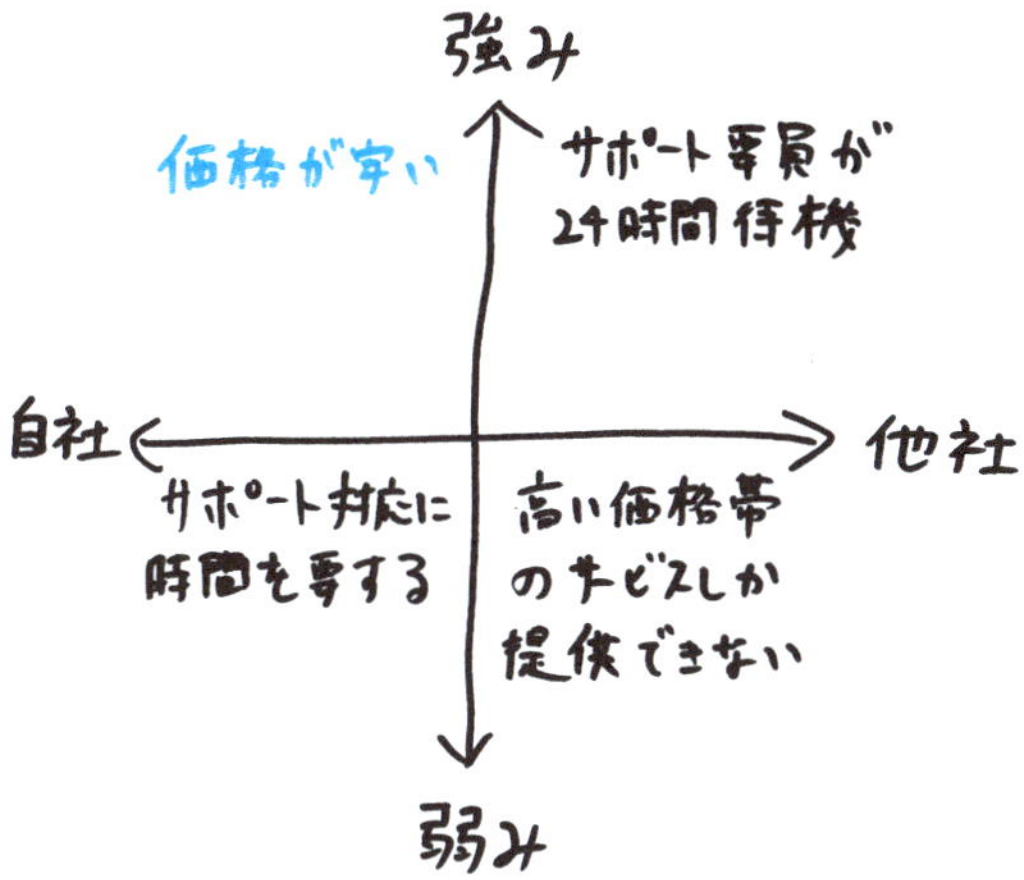

「トラブル対応をより早くすれば、多部田さんにも満足してもらえそうですね。では、会社に戻って、サポート要員の増員について検討してみます」と返答してくれたのです。

相手と一緒に図を作ると、こちらからの言いっぱなしではないので**共通理解が深まります**。

また、相手が問題により主体的に関わることで、**納得して行動してくれる**効果もあるでしょう。

さらに、多くの人によって図がブラッシュアップされ、より精度の高い結論が得られる可能性も高いのです。

図は、1人で作るものとは限りません。

他の人と一緒に図解することで、得られるものは意外に多いのです。

7 文化の違う人とも誤解なく話し合える

人それぞれ、言葉に対する感覚は異なります。

たとえば、「大きな家」という言葉を聞いたとき、思い浮かべるイメージは千差万別です。都市部に住んでいる人と地方に住んでいる人とでは、とらえ方がかなり異なるでしょう。さらに、国籍が異なれば、イメージの差もさらに大きくなるはずです。

神奈川県郊外で60平米のアパートに住んでいる私から見れば「豪邸」だと思える家でも、アメリカの田舎に住んでいる人から見れば「ペットの家」に感じられるかもしれません。

しかし、図に描いてみると、こうした誤解は生じなくなります。階数や窓の数、建物の大きさなどが具体的に示されるからです。

図解が持つ視覚情報のパワーを生かせば、言葉や国籍の壁を超えられるのです。

Chapter 1
図解 de 認められる

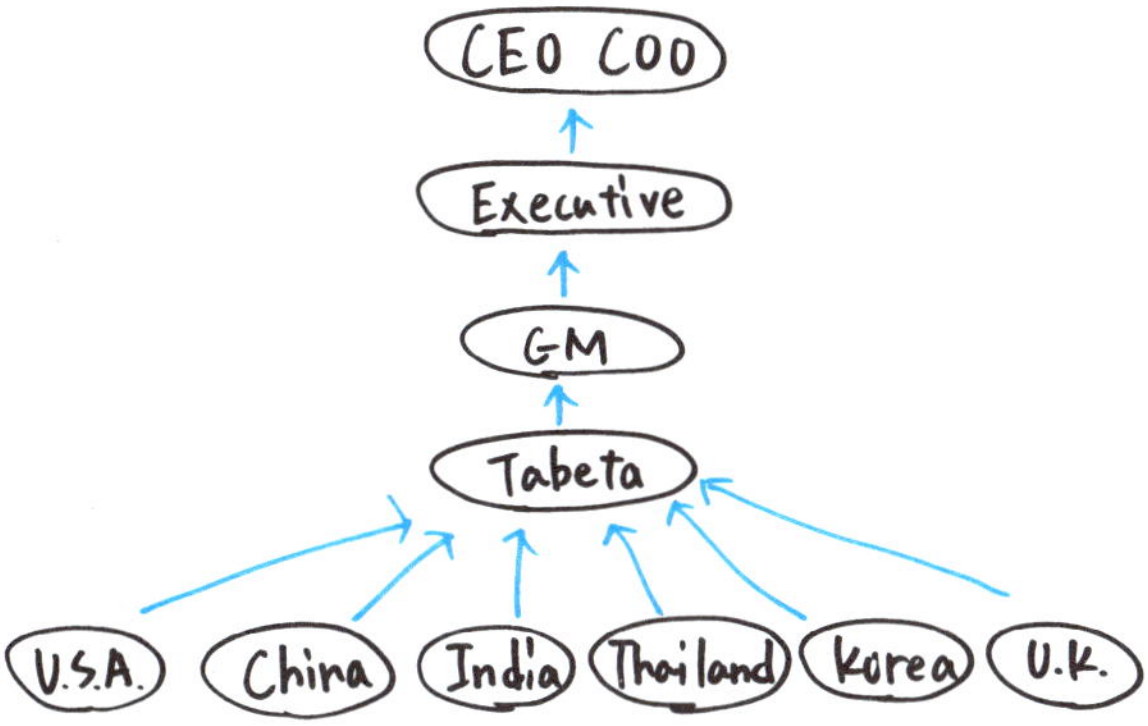

仕事のうえでも、有効です。

上に掲載したのは、中国やインドなどの担当者に私が見せた図解です。

このとき私は、経営資料を作るため各国の担当者にデータの提供を依頼していました。

CEO（最高経営責任者）・COO（最高執行責任者）へ報告され、経営判断の材料となる重要なデータにもかかわらず、担当者の中には、彼の上司の確認を取らず、いい加減なデータを報告して来る人がいました。

そのため、私は、データの精査を毎回行い、データに誤りがありそうな国と、電話会議やメールで確認を取っていたのです。

全くの二度手間でした。

しかし、この図を見せたことで、各国のデータが私のＧＭ（部長）・Executive（役員）を通じてＣＥＯ・ＣＯＯへ報告されるイメージが伝わりました。

すると、各国の担当者は、データの重要性をはっきり認識してくれたのです。

その結果、データの誤りは激減。

私の確認時間も、従来の半分以下に減りました。

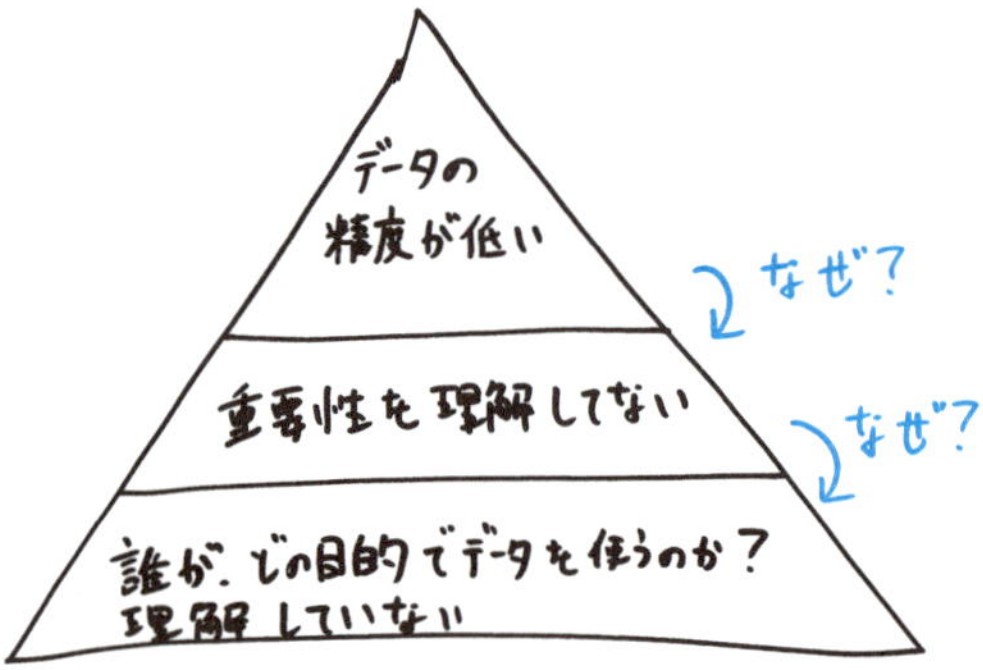

データの
精度が低い
なぜ？
重要性を理解してない
なぜ？
誰が、どの目的でデータを使うのか？
理解していない

8 初対面の相手に、短時間で印象を残せる

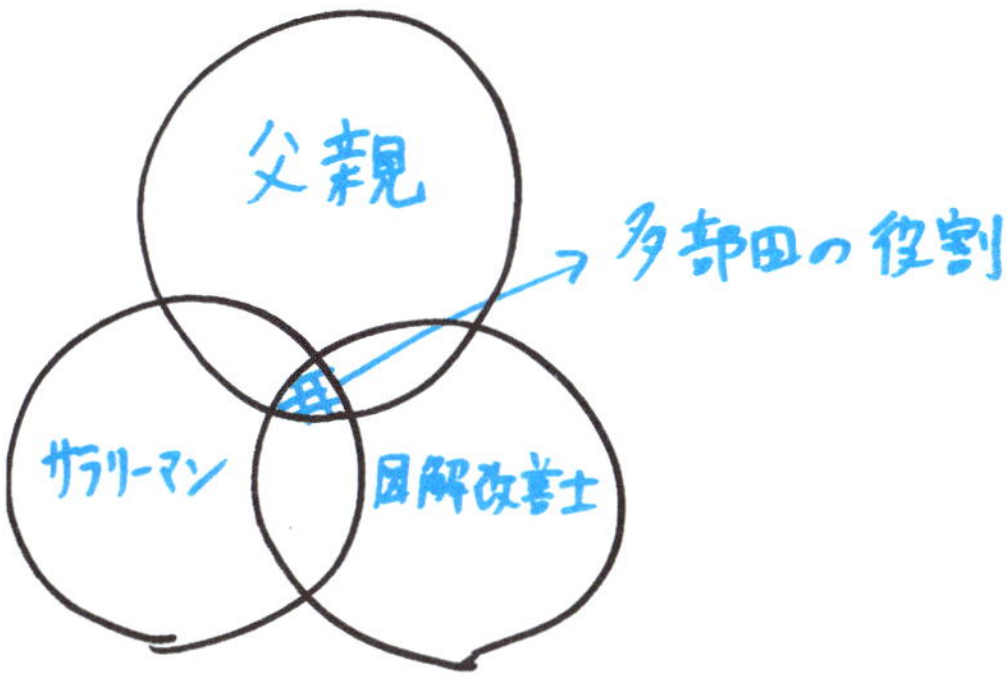

セミナーやパーティーなどに出席すると、多くの人と知り合うことができます。

ただし、1人と話せる時間は限られているため、表面的な話しかできないことが多いものです。

そこで私は、初対面の人にこんな図を描いて見せます。

私は、家庭では父親として育児をし、平日はサラリーマンとしてバイヤーの仕事を担当。そして、土日を使って図解改善士としての活動を展開中です。この図を見てもらえば、短時間で私の「人となり」を理解してもらえます。

また、こんな図を見せることも多いものです。

これは、私の「志」を図解したものです。

私が頻繁に勉強会を開いていること。

図解改善というスキルを持っていること。

そして、図解改善を広めることで日本を元気にするという志を持っていることを、直感的にわかってもらえると思います。


どんな人なのかわからない相手に、率直な話はなかなかしづらいものです。

ところが、図解をすれば自分の人柄を短時間で相手に伝えることができます。

そのため、**いきなり腹を割って本音の話し合いができる**のです。

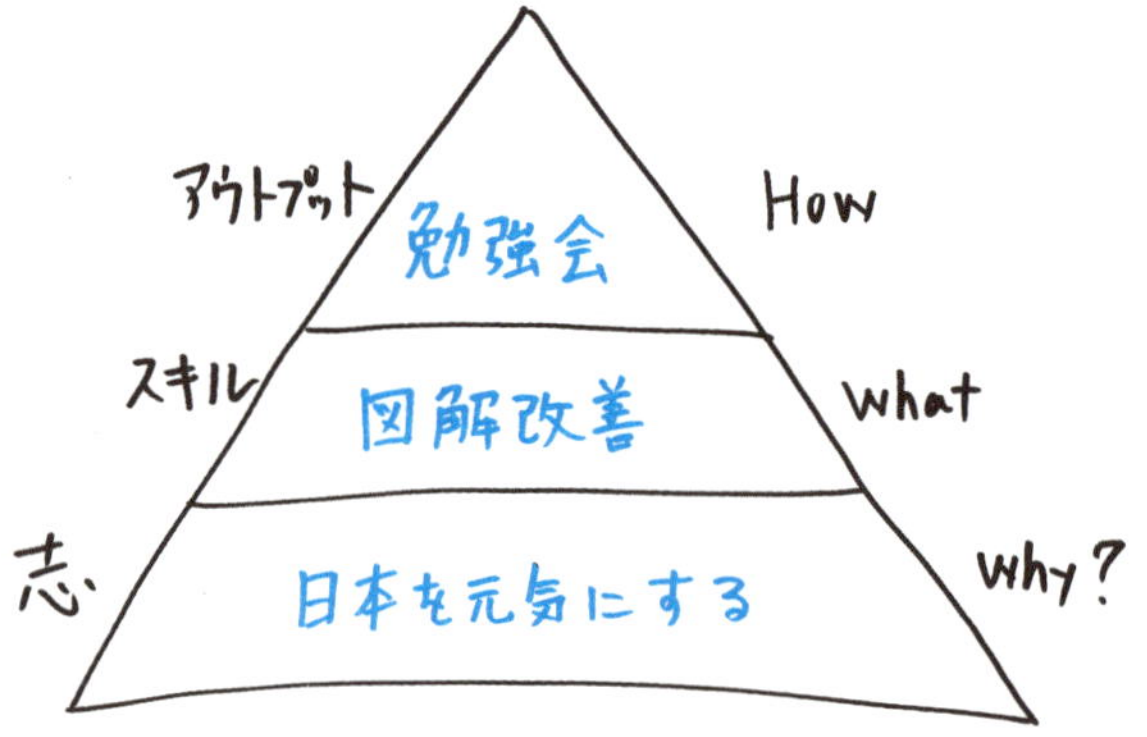

9 人の問題まで解決してあげられる

「先輩。自信をなくしちゃいました……」

「最近、仕事が期限に間に合わないんです」


ある朝突然、後輩からこんな相談をされました。

彼は、頑張り屋で仕事熱心な人。

ところが、時間管理はお世辞にも上手とは言えません。

たとえば、すぐに取りかかるべき仕事を後回しにし、期限ギリギリになって手をつけることがしばしば。その結果、「やっつけ仕事」になってしまって、上司から怒られることもたくさんあります。

その逆に、重要でない仕事に時間をかけすぎ、他の仕事に差し支えるケースも珍しくありません。それで、休日出勤をしても仕事が処理できず、悩んでいたのです。

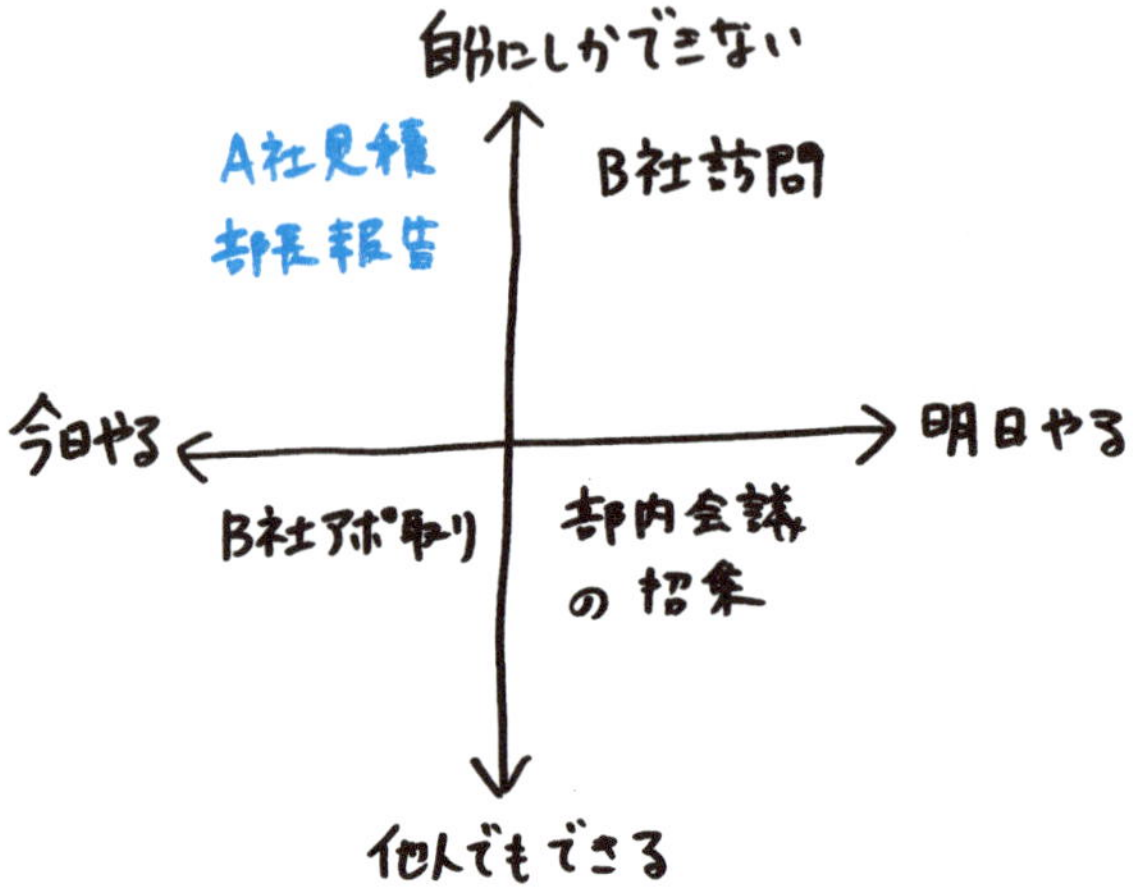

そこで私は、その日の夜、２人でラーメン屋に立ち寄って改善案を語り合いました。彼と一緒に描いたのが、こんな図解でした。

私たちは、彼が抱えている仕事を、「自分にしかできないものと、人に任せてもいいもの」、「今日やるべきことと、明日取りかかってもいいもの」に分けました。

最も優先順位が高いのは、「今日やる必要があり、しかも自分にしかできない仕事」。

次に考えるべきなのは、「今日やる必要があるが、他人に任せてもいい仕事」の処理です。

一方、「明日以降に取りかかればいいし、他人に任せてもいい仕事」については、後回しにしてもいいと割り切りました。

このように目の前の課題を整理したことで、彼の頭がスッキリしました。そして、失っていた自信を取り戻し、やる気が湧いて行動に移しやすくなったようです。

このところ、不要なモノを捨てる「断捨離《だんしゃり》」という言葉が話題になっています。

図解によって頭の中身を「断捨離」すれば、余計な知識を削り、新しい考え方を吸収することができるようになると、私は考えています。

column

言葉が通じないタイ人との図解コミュニケーション

2003年、新卒で入った前職で入社2年目だった私は、タイ工場の改善を任されました。その際、タイ人の部下にこんな質問をされ、衝撃を受けたのを覚えています。

「電卓は、どうやって使いますか?」

「コストは、どう計算しますか?」

彼らは電卓も使えず、コスト計算の概念も知りませんでした。そのため、他の日本人の駐在員たちは、「タイ人に何を言っても理解してくれない! 困ったもんだ」とさじを投げかけていたのです。しかし、このままでは工場の生産性は全く改善できません。

そこで私は、タイ人の好物を聞き、それを図解することでコスト計算について教えることにしました。

たとえば、ケーキが大好きなタイ人には、原材料である卵・バター・小麦粉の絵で図解しました。ケーキを作るには卵やバター、小麦粉などが必要で、それらにかかる費用を足した

column

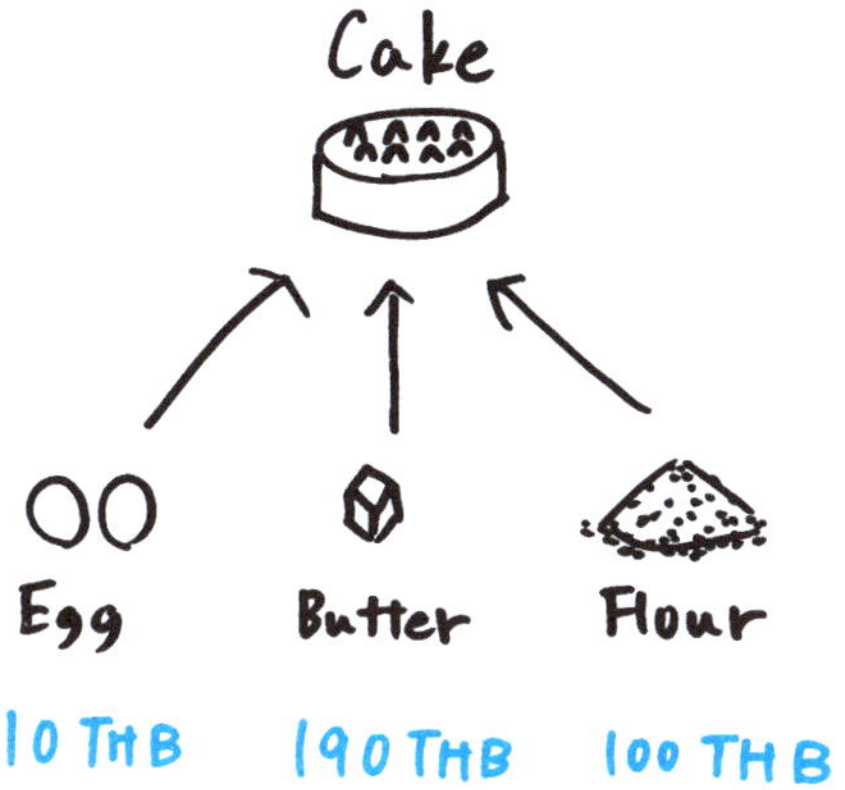

金額が、ケーキの原価になると教えたのです。

すると、口頭で説明しただけでは理解できなかった彼女でも、ケーキをネタにした図解なら簡単にわかってくれました。

図解でコストの計算法を理解したタイ人のスタッフは、やがて、ケーキよりずっと多彩な原材料を使う製品の原価計算も得意にするようになりました。

そして、今やタイ工場を支える、チームリーダーにまで成長しました。

タイ人曰く、「多部田さんの説明は、いつも図を使ってくれるので、よく理解できる」そうです。

言葉では説明しきれない部分を、図が補ってくれるからだと思います。

図解が苦手な人の
10 no 誤解

Chapter

2

図解勉強会の受講生100名以上に、図解に対する苦手意識の理由を聞いてみたところ、世の中には、図解に対して誤解をしている人がいることに気づきました。そこでこの章では、それらの誤解を一つひとつ解いていこうと思います。

1 誤解1 図解＝論理的な人が使うもの

1つ目の誤解は、「図解は論理的な人だけが使う、特別なツール」というものです。

私も図解という単語だけを理解していて、実際には描いたことがなかった頃、同じように勘違いをしていました。私がそれまでに目にしていた図表は、著名なコンサルタントや学者が、「ロジカルシンキング手法」や「経営論」などを説明する際に使っていたものばかり。そこで、「図表＝ハイレベル」という先入観が生まれてしまったのです。

しかし、私が製造現場で巡り会った図解は、そんな先入観とは全く異なる存在でした。経営など高次元な問題だけでなく、製造現場の作業効率アップなどの身近な問題にも適用

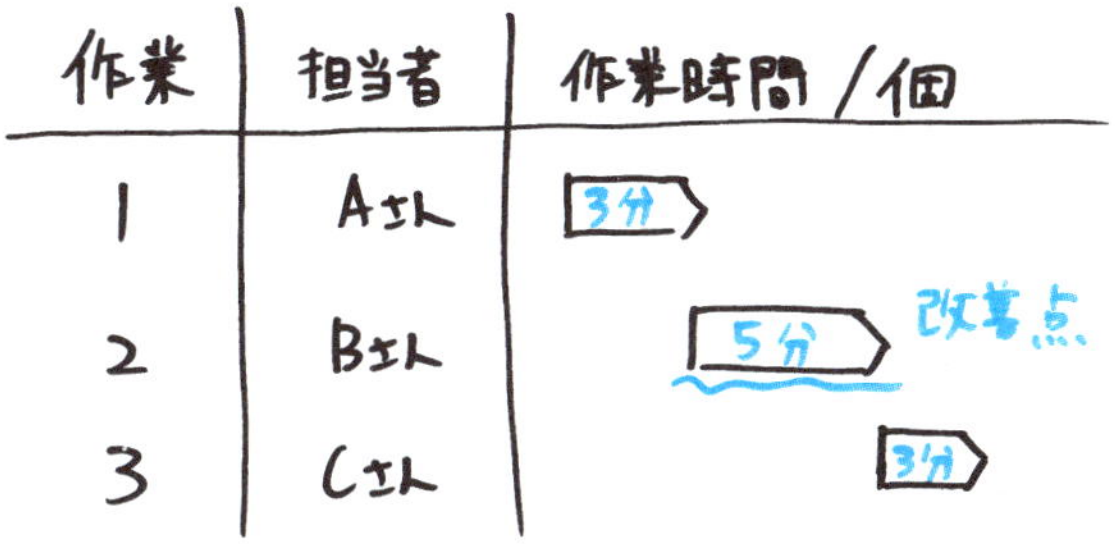

が可能。また、必ずしもキレイに描く必要はなく、手描きの汚い線でパパッと描けば十分だと教えられました。

また、図解は論理的でない人にもお勧めできるツールだということがわかりました。

欧米人は、子どもの頃からディベートの授業などを通じ、論理的に話す訓練を受けています。それに比べ、日本人は筋道の通った話をする練習をそれほど積んでいません。そのため、日本人は「議論下手」の傾向が強いのです。ところが、図解を使って頭の中を整理すれば、自然と論理的な考え方・話し方ができるようになります。

図解は、論理的な人達だけのツールではありません。むしろ、**非論理的な人達をサポートしてくれるツール**なのです。そのことは、昔から数学が苦手だった私が、図解のお陰で論理的に仕事を進められている事実が証明してくれるでしょう。

2

誤解2　図解＝パワーポイントの綺麗な図

近頃の新入社員向け企業研修では、パワーポイントを使って資料を作成する方法を学んでいるようです。また、就職活動をしている大学生向けのセミナーでも、パワーポイントの使い方を学ぶことがあると聞きます。

そのためか、多くの人は「図表はパソコンを使い、美しく描かなければならない」という強迫観念にさいなまれているようです。

しかし、これは大きな間違いです。

図を描く目的は、「頭の中をスッキリと整理し、相手にわかりやすく伝えること」。決して、「美しい図を描くこと」ではありません。

そこで私は、パソコンを使わず、手描きで図解することを勧めています。

手描きのメリットは、次の3つにまとめられるでしょう。

（1）パソコンで描くより時間がかからない

パソコンの電源を入れ、パワーポイントを起動するまでには相当の時間がかかります。それに比べ、手描きならペンさえあればすぐに図を描くことが可能です。

カフェで話が盛り上がっている最中でも、思い立ったらコースターの裏にでもすぐに図解できるのは、手描きの最大の利点です。

（2）手を動かすと、頭が活性化する

英単語を暗記するとき、単語帳を眺めるだけでなく、ノートに英単語を書き出すといいと聞いたことはありませんか？　手を動かすことで脳が活性化し、単語を記憶しやすくなるのです。

手描きで図解するときも、同じことが言えます。手を動かすことでアイディアが浮かびやすくなったり、論理的に考えることができるようになったりするのです。

（3）どの図を使えばいいのか混乱せずに済む

パワーポイントには、さまざまな図表がテンプレートとして収録されています。使う側からすれば、どの場面でどの図を使えばいいのか、混乱してしまうでしょう。

ところが、私が使うのは○、△、＋、⇨図の4種類だけ。それぞれに使うべき場面が決まっているため、混乱せずに済むのです。

ただし、手描きには弱点もあります。

それは、「描いた図を記録できないこと」です。そこで私は、ホワイトボードやノートに描いた図をスマートフォンで撮映して画像を保存し、場面やプロジェクトごとにフォルダに分けています。

こうすれば、過去に描いた図を後から探し出すことも簡単にできます。

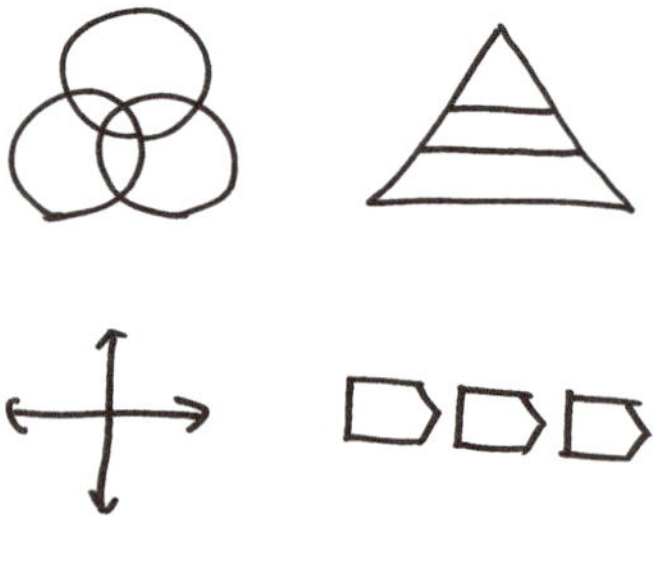

3 誤解3　図解＝時間をかけて描くもの

「1つの図を作るためには、長い時間がかかる」と思い込んでいる人もいます。
しかし、これまで何度か説明したように、図を描く時間はできるだけ短くすべきだというのが私の考えです。

たとえば、とても大事なプレゼンテーションなどで使う図表なら、じっくりと時間をかけて作りあげてもいいでしょう。地味で単調な図より、インパクトのある図が求められる場面は確かに存在します。

ただ、普段の業務に使うような図を長時間かけて描いていたら、仕事はいつまで経っても終わりません。

この本で学ぶ図解は、たとえるなら、お弁当屋さんで使われている使い捨て容器のようなもの。こうした容器は、ご飯やおかず、漬物などを入れる枠があらかじめ設けられています。

そして、そこに決められた食材を入れるだけで、新しく入ったばかりのスタッフでも簡単に盛りつけができるのです。

一方、時間をかけて作る図は、フランス料理店の料理に似ています。

綺麗に盛りつけることができれば、人々の目を楽しませることができるでしょう。ただし、それができるのは、素晴らしいセンスと技術を持ったシェフだけ。一般の人がやろうとしても、時間がかかった割に、できあがりのクオリティは低いという結果に終わりがちです。

図解改善の目的は、**「誰でも」、「簡単に」、「短時間で」頭の中身や状況を整理すること**にあります。時間をかけることは、この基本方針に明らかに反しているのです。

図解は1分、慣れるまで思考時間はたっぷりと

ただし、ここで注意してほしいことがあります。

それは、「**図は短時間で描くべきだが、そこに入れる要素はしっかり考えて作る**」ということです。

先ほど私は、図解を「初心者でもごく短時間で、ある程度の盛りつけができる、弁当屋の使い捨て容器」にたとえました。

しかし、いくら容器を使って見た目を整えても、そこに入る食材を作る際に手を抜いてしまったらどうなるでしょうか？

生炊きのお米に、味付けに失敗したおかず……。それらをどう組み合わせても、絶対においしいお弁当にはなりません。

盛りつけは簡単に済ませても、そこに入れるご飯やおかずはしっかりと作る。それが、おいしいお弁当を作るためには欠かせません。

同様に、図解をするときも、図に入れる要素をじっくりと時間をかけて考え出す必要があります。それには、4章以降で説明するように、付箋などを使って頭の中にあるアイディアを全て書き出すことが大切です。

図解の習慣が身につくと、普段から頭の中身をしっかり整理できるようになります。

いわば、おいしいご飯やおかずをいつも用意できている状態なのです。

そのため、「図解上級者」は事前に準備をしなくても、説得力のある図を短時間で描けます。

ところが、初心者はそうはいきません。

そのため、付箋でアイディアを書き出すなどして、図を書く前に「素材」をきちんと作りあげることが必要なのです。

図解をする時間は1分以内だが、そこに入る要素を考える時間は、たっぷり用意する。

その鉄則を、ぜひ忘れないでください。

4 誤解4 図解＝仕事で使うもの

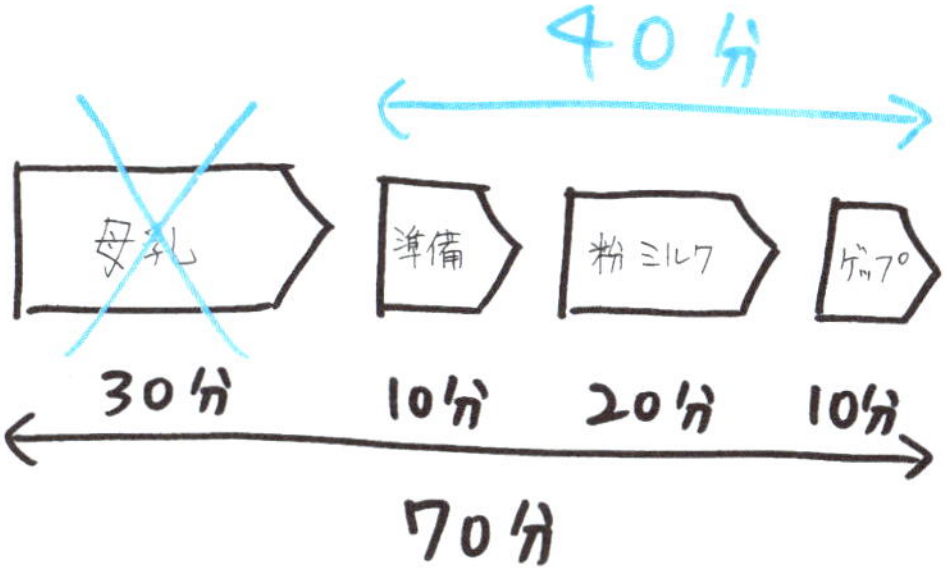

図解改善のスキルを身につければ、仕事の能力を大きく伸ばせます。

ただし、図解は仕事だけに役立つツールではありません。**プライベートに応用することだってできる**のです。

長男を授かった当初、わが家では母乳と粉ミルクとの「混合授乳」を行っていました。生まれたばかりの赤ちゃんは、昼夜を問わず2～3時間ごとにおっぱいをほしがります。そのため、妻はなかなか眠ることができず、日増しに疲れがたまっていきました。

そこで私は、授乳のプロセスを前ページのように図解してみたのです。

1回の授乳には70分が必要でした。

しかし、母乳を取りやめて粉ミルクだけにすれば、授乳時間は40分に短縮できます。さらに、粉ミルクなら夫の私にも準備が可能。代わりに授乳することもできます。

そこで私たちは、深夜に限って混合授乳を止め、粉ミルクだけを与えることにしたのです。

その結果、妻の睡眠時間は増え、少しずつ元気を取り戻しました。

結婚や引っ越し、子どもの進学や家の購入など、人生にはさまざまな分岐点が訪れます。

そうしたとき、図解を使って判断すると、うまくいく可能性がアップするのではないでしょうか。

5

誤解5　図解＝マインドマップ

皆さんは、「マインドマップ」を見たことがあるでしょうか。

これは、あるキーワードを核にして、そこから連想された言葉を放射状に結び合わせた図表のことです。

描き方を教える書籍やセミナーも増えていますし、iPhoneでマインドマップを描くアプリもリリースされていて、知名度は徐々に高くなっています。

図解勉強会の受講生に話を聞いてみると、マインドマップ好きな方はたくさんいるようです。

マインドマップは、上手に使えばかなりの効果をも

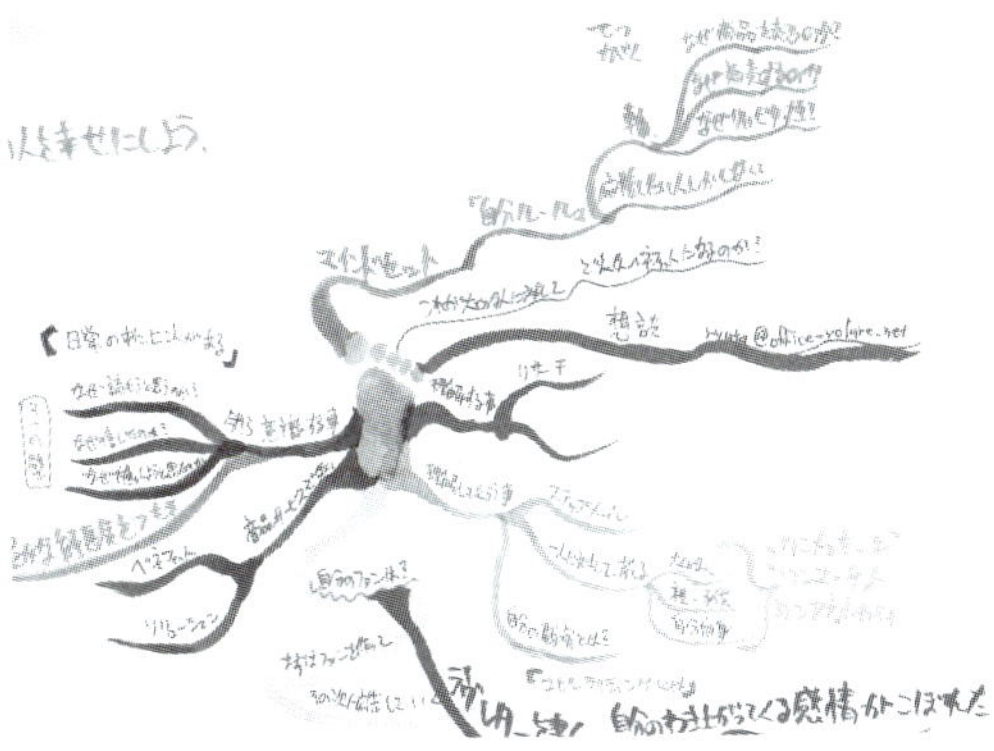

たらします。特に、頭の中にため込まれている情報を「見える化」する場合には、大いに役立つことでしょう。

ただし、難点もあります。

図解の初心者にとって、複雑な図を完成させるのはかなりの負担です。

また、せっかくマインドマップができあがっても、あまりに複雑すぎて理解しきれないようでは困ります。

マインドマップのような複雑な図は、図解に慣れた上級者が取り組めばいいでしょう。

初心者のうちは、**短い時間でシンプルな図を描く**。

これだけを心がけるほうがベターなのです。

6

誤解6　図解＝絵を描くのが上手な人が使うもの

私のことを、図を描くのが得意な人、すなわち、絵を描くのが得意な人だと思い込んでいる方がいらっしゃいます。

しかし、これは大きな誤解です。

この絵は、私が全力を振り絞って描いた象です。自分としては、綺麗に描けた絵だと思いますが……。

スミマセン、私、絵を描くのが下手なのです。

世間一般の図解に関する本やセミナーでは、私のように汚い手描きをそのまま見せる著者・講師は皆無だと思います。

そのため、読者や受講者が目にするのは、綺麗な図やイラストばかりです。

しかし、私の場合は、下手な絵でも気にせず公開しています。

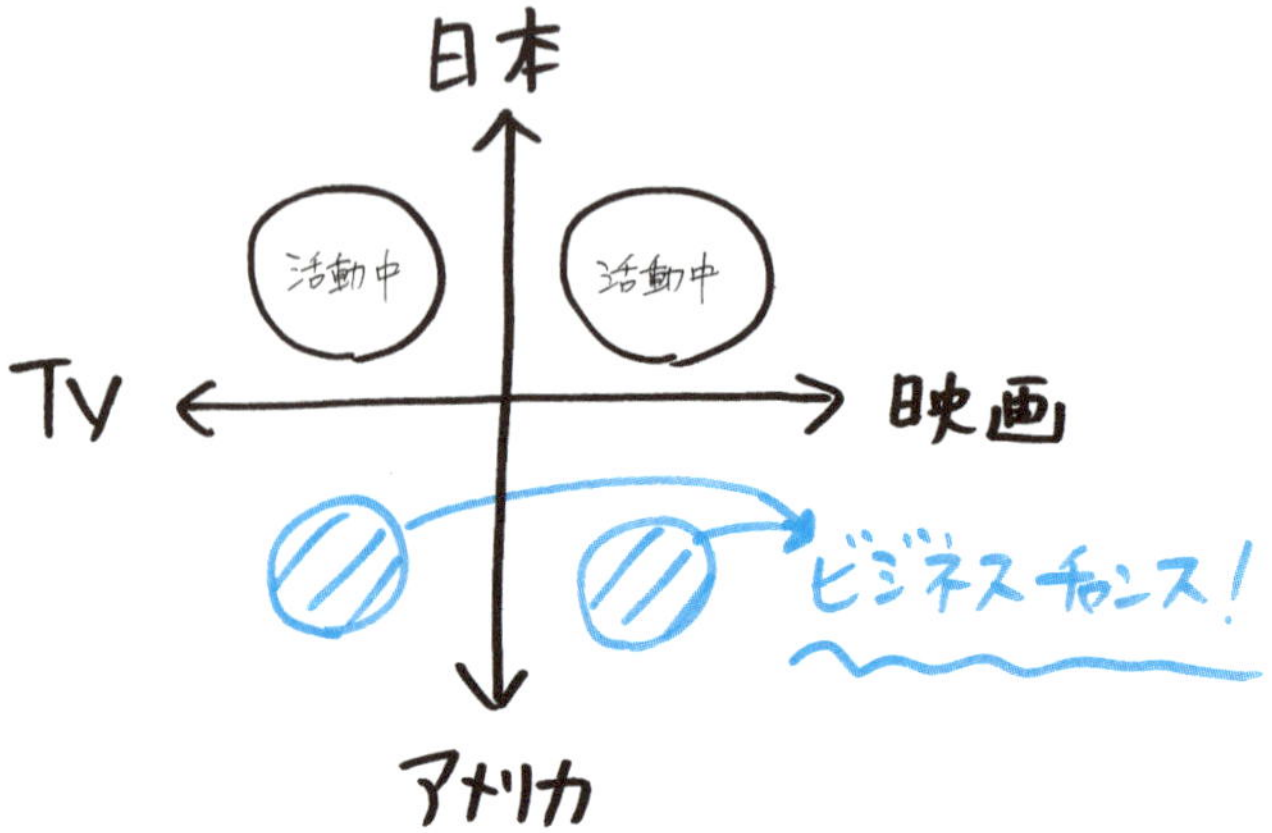

こちらは、NHKの番組に出演し、携帯ホワイトボードでお笑いコンビ・アンジャッシュさんの芸能生活を即席コンサルティングした際に描いた図の再現です。渡部さん・児嶋さんは、日本でしか芸能活動をおこなっていないので、アメリカ進出してはどうか？と提案しました。

すかさず渡部さんから、「アホか！」と突っ込みをいただきましたが、児嶋さんは「こんな簡単な図なら、僕にだって描けそうだな」とおっしゃっていました。

図解に絵心は必要ありません！

図解は絵を描くのが上手な方が使うものであるという誤解が解けた後は、落書きするような気分で、気軽に図解できるようになります。

7 誤解7 図解＝全ての人が同じ図を使うもの

私が使う図は、たったの４種類しかありません。

共通点を見つけるための○図、情報を体系的に整理する△図、対立するもの同士を比較する＋図、全体の流れをつかむ⇨図だけです。また、どの図もシンプルなものばかりです。

そこで、図解勉強会でワークショップを行うと、多くの人が似通った形の図を描きます。

そのため、「同じ図を描くルールがあるのかな？」と考える人もいるようです。しかし、これも誤解です。

図の本質が同じなら、多少形が違っていても問題はあり

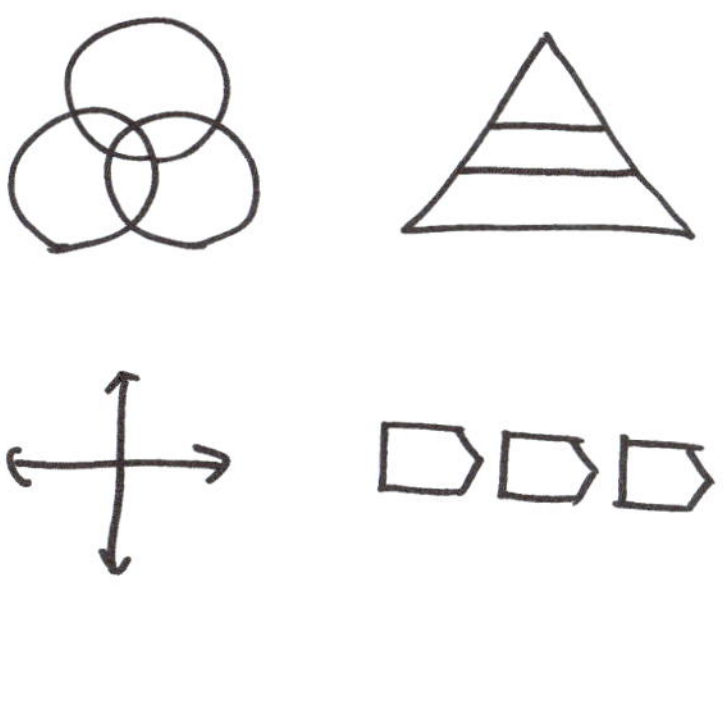

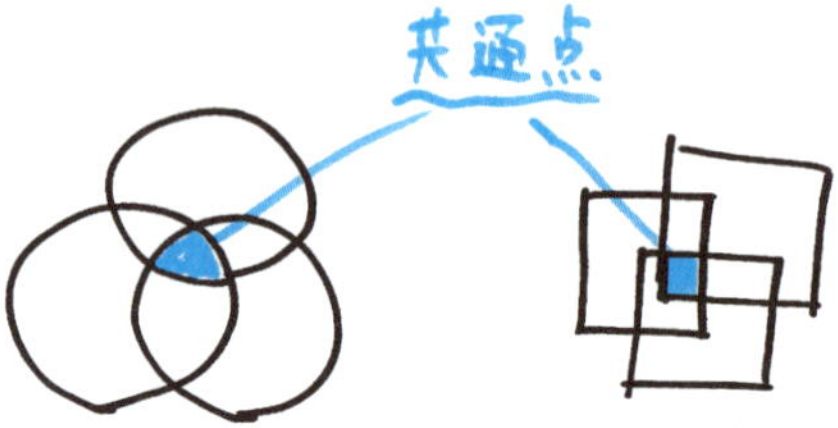

ません。

極端なたとえですが、○図を描くときに、○ではなく□で枠を作ってもいいのです。

また、⇨図を描くときも、下のようにさまざまな形があっていいと思います。

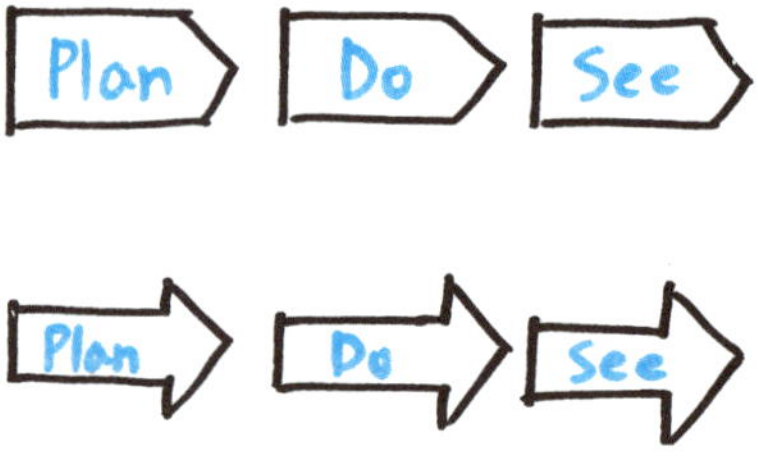

図を作る目的は、形の揃った図を描くことではありません。

あくまで、自分の頭の中身を整理することです。

ですから、**自分にとって表現しやすく、頭に入りやすいやり方を取ればいい**のです。

8

誤解8　図解＝1人で完結するもの

図を描く作業は、1人で行うことが多いものです。

しかし私は、できるだけ多くの人を巻き込んで図を描くことを心がけてほしいと考えています。

実は何年か前に、「やりたいことを見つけ出すため、『やりたくないこと』を書き出す」というワークショップを企画したことがあります。

1人でホワイトボードに向かって「やりたくないこと」を書いているときは、全員が嫌な気持ちになるんですよ。

「家計簿をつける」

「部長のゴルフにつき合う」

「人前で話をする」

などと書くうちに、「私は、どうしてこんなにネガティブな人間なのだろう？」って。

ところが、書き終えた後で他の人に向けて発表してみると、全員の気持ちが、運動で汗を流した後のようにスッキリしたんです。

おそらく、「その気持ちわかるなあ」などの共感を得たり、「こんな風に考えれば、別の道が開けるんじゃないかな」などのアドバイスをもらえたことで、心のモヤモヤが晴れたからではないかと思います。

1人で図を描いて1人で眺めていても、改善すべき点はなかなか見えてきません。それより、多くの人を巻き込んで意見をもらうほうが、図をよりよい方向にブラッシュアップできるのです。

そこで、ぜひ皆さんには、対話や共同作業をしながら図を作ってほしいと考えています。

私が勉強会にこだわっている理由は、そこにあります。誰かと一緒に図を描き、共感やアドバイスを得ることで、楽しみながら問題解決できるのです。

もし、勉強会に出るのが難しければ、フェイスブックなどインターネットを使ってもいいでしょう。家族や同僚など、周囲の人と協力するのも素晴らしいと思います。

Chapter

2

図解が苦手な人の 10 no 誤解

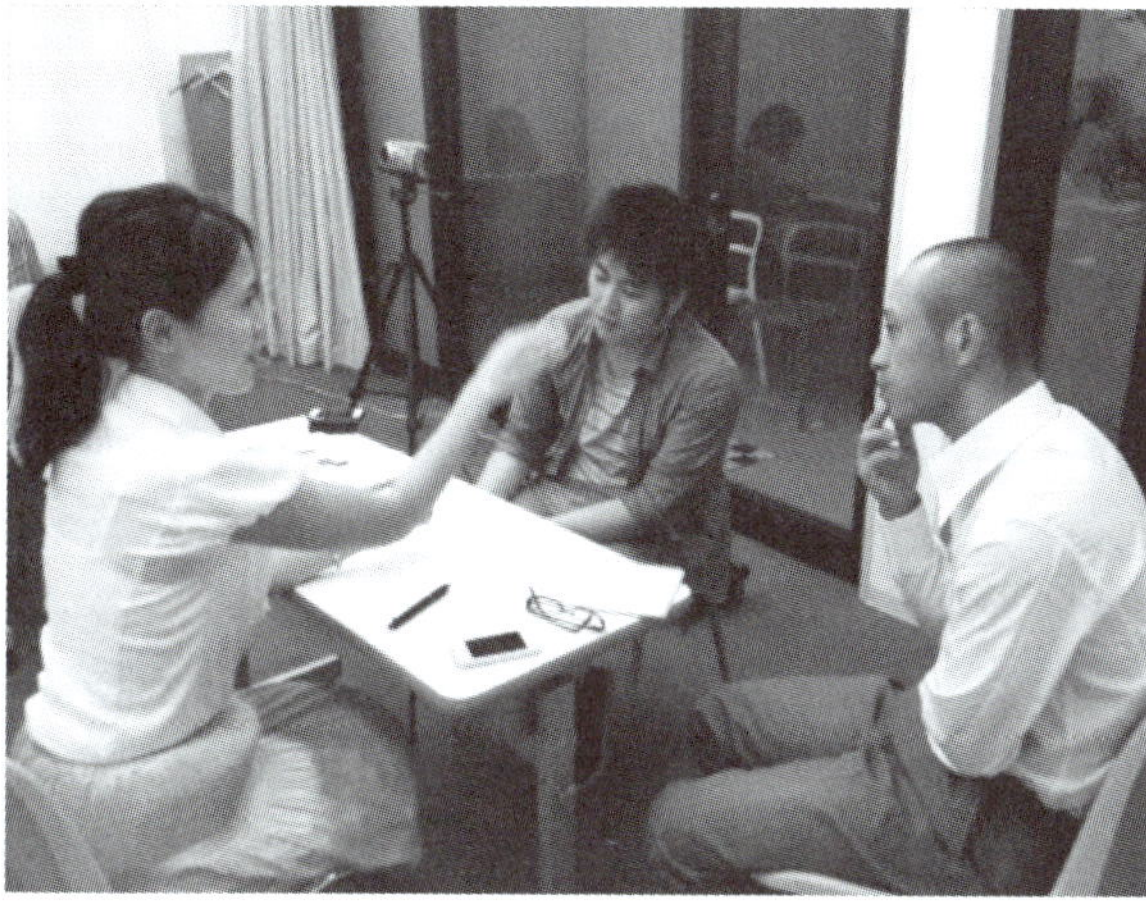

以下の URL から、図解勉強会で私が講義している動画をご覧いただけます。http://zukai-kaizen.com/douga/

内容は、4～6章で登場する「グループ分け」の手法です。

図解は、1人で完結させずに誰かと協力し合ったり、人に見せることを意識したりすることを

常に忘れないようにしましょう。

9

誤解9　図解＝同時に複数のポイントを説明できるもの

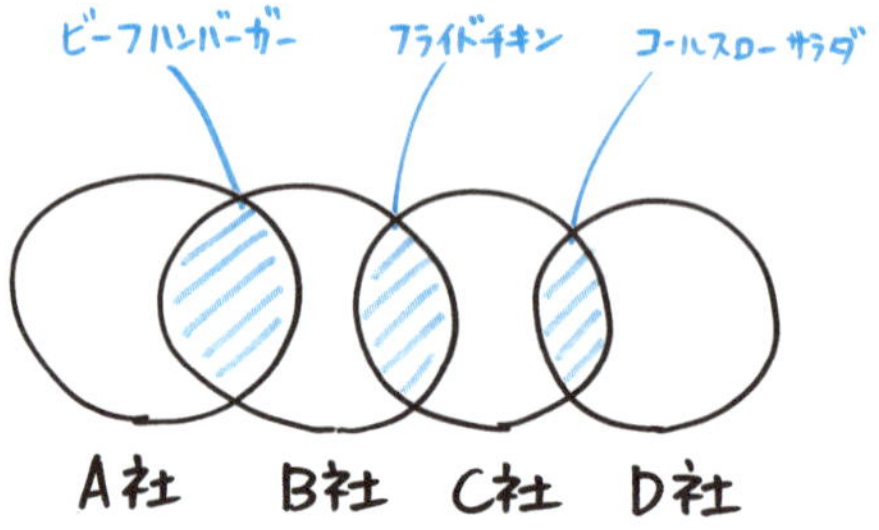

マインドマップに象徴される複雑な図には、たくさんの要素が詰め込まれています。

しかし私は、**1つの図で説明するのは1つのポイントだけ**だと決めています。あまりにたくさんの要素を盛り込むと、図を作るほうも読むほうも混乱してしまうからです。

たとえば、マクドナルド（A社）とモスバーガー（B社）は、どちらもビーフハンバーガーを販売しています。また、モスバーガーとケンタッキーフライドチキン（C社）は、どちらもフライドチキンを販売していますし、ケンタッキーフライドチキンと吉野家（D社）は、どちらもコールスローサラダを販売しています。A社とB社、B社とC社、C社とD社には、それぞれ共通点があります。

もし、この4社の関係性を無理やり1つの図で表すと、右ページの上の図のようになるでしょう。

すると、複数の共通点が混在して、話の焦点がぼけてしまうのです。

その結果、相手からは「だから？」とか、「それで？」という反応が返ってくるに違いありません。

こうした場合は、3つの図に分けて描くほうがいいのです。

シンプルなために相手は混乱しづらく、かつ、言いたいことがストレートに伝わるからです。

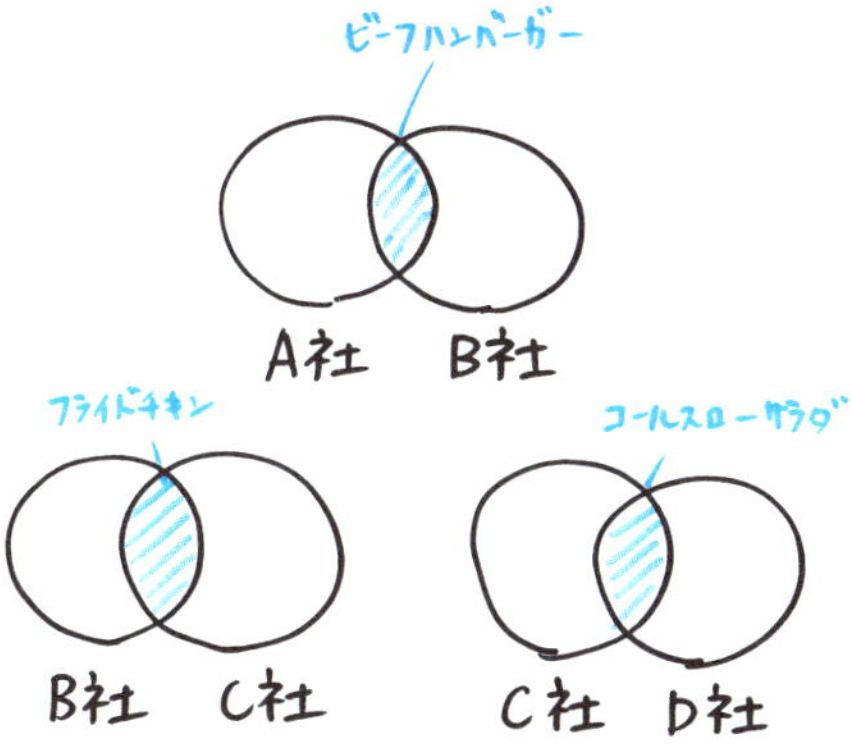

10

誤解10　図解＝1回で完成できるもの

図は、一度作ったらそれで終わりというものではありません。

よく「ラブレターは、一晩おいてから投函しろ」と言われます。恋に目がくらんだまま書いた文章は、翌日に読み直してみると実に恥ずかしいもの。時間をおいて冷静さを取り戻してから相手に送るほうが、いい結果をもたらしやすいのです。

図解も同じです。

一度作りあげた図をしばらく経ってから冷静に見つめ直してみると、思いもよらなかったアイディアが浮かぶことだって珍しくありません。

世の中の大概のことは、一度きりでは解決できないもの。

パソコンの前に長時間座り、あれこれ悩んで完璧な図を描こうとしても、一度で仕上がるのはまれです。「図解改善士」を名乗っている私でも、一発で図を完成できることはあまり多くはないですね。

特に初心者のうちは、「1回で完璧なものを目指そう」と考えないこと。

図解が適当なところまで仕上がったら、いったん作業を切り上げましょう。そして、1日寝かせてみたり、上司や同僚に見せて意見をもらったりするのです。

このようにしてブラッシュアップを重ねるほうが、効率よく作業できるはずです。

カーナビを使うと、曲がり角ごとに「次の交差点を右です」「次の出口で高速道路を降りてください」などの指示を受けて、確実に早く目的地に着けます。

それと同じで、図解初心者も他の人にアドバイスを受けつつ、図を修正するように心がけるといいでしょう。

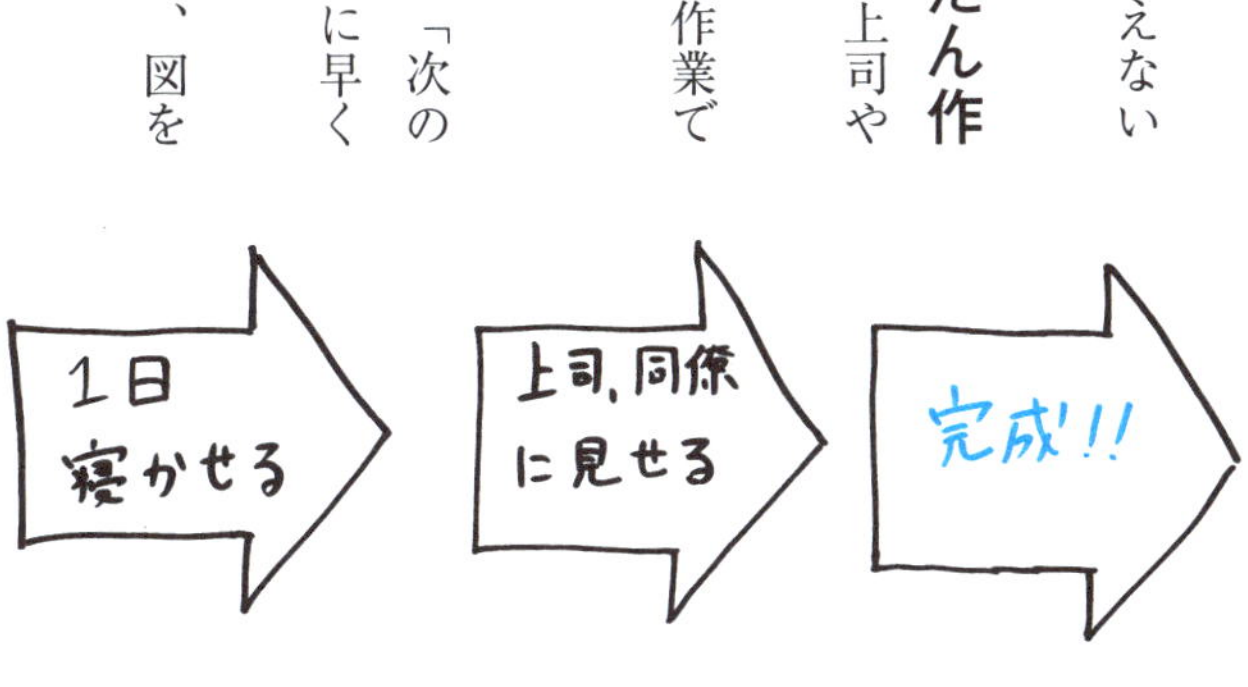

column

世間話は大切

売り手の提供できる商品・サービスと、買い手のニーズが合致したとき、初めてビジネスは成立します。しかし、相手の都合を考えず、自分の商品やサービスばかりを見て商談を進める人は、意外に多いのです。

そこで、ビジネスの場では、まず世間話から始めることをお勧めします。

他愛ない話をするうちに、相手の性格やニーズがわかり、互いの警戒心が薄れて商談を進めやすくなるからです。

図解は、世間話にも役立ちます。

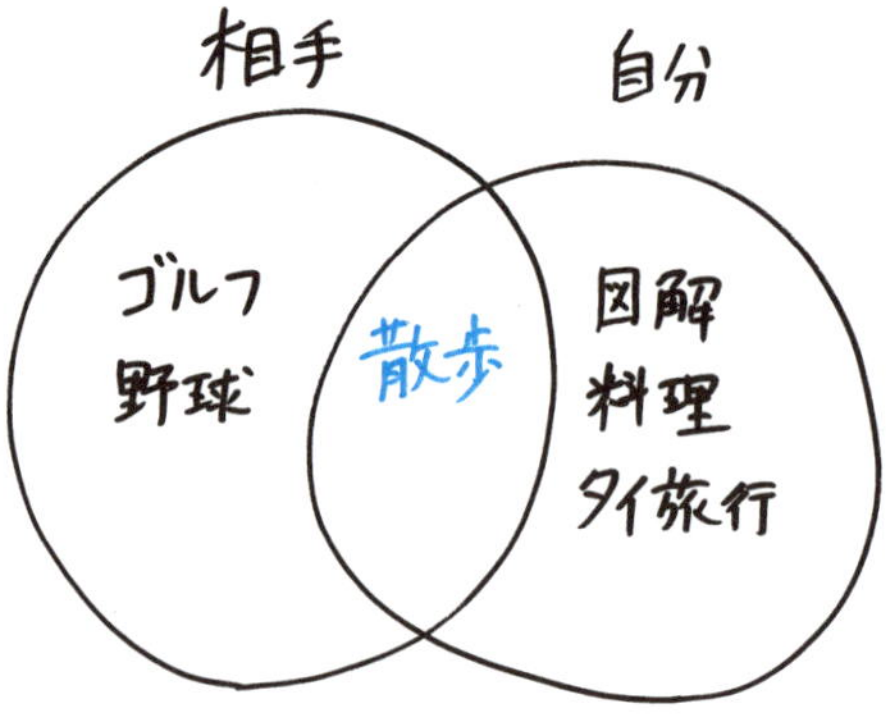

column

相手年表（Aさん）

	仕事	プライベート
2012		第2子生まれる
2011	営業課長へご昇格	
2008		第1子生まれる
2004		ご結婚
2002	東京営業部へ異動	
1998	○社入社	

たとえば、相手の趣味と自分の趣味を○図で整理し、共通点を見つけておくと、話題を広げやすくなるでしょう。

また、相手の略歴を年表にまとめておくと、相手の興味のありそうな話題をスムーズに提供することができます。

相手の人となり、興味のありそうなことを事前に分析しておけば、話が盛り上がらないまま終わったり、話題が途切れたりする危険性は減ります。

世間話が苦手な人は、事前に図解で準備を行ってみてはいかがでしょうか。

○△＋⇨で考えるたった4つno図解思考

Chapter

3

1

常に全体像をつかむ視点を持つ

いよいよこの章から、あなたをデキる人に見せる図解の実践編に入ります。

その前に、ぜひ覚えていただきたいポイントがあります。

それは、**広い視野を持ち、常に全体像を意識しながら図解をする**ということです。

皆さんは、「巨大迷路」の中を歩いた経験はありますか?

迷路の中にいると、自分の位置や進むべき方向がなかなかわからず、パニックに陥ってしまうものです。ところが、少し高いところから迷路を見下ろしてみると、出口は簡単に見つかります。

日常生活でも、同じことが起こります。

目の前にある状況にとらわれて、「木を見て森を見ず」という状況になると、人はどちらに進めばいいのかわからなくなります。すると、疑心暗鬼になり、前に進むパワーがそがれてしまうのです。ところが、状況を高いところから俯瞰してみると、最適な道が簡単に発見できます。そうなれば、気持ちが楽になって、行動的になれるのです。

図解勉強会の受講生の中には、細かいところに気持ちが行きすぎ、問題の全体像をつかむことがおろそかになる人がいます。

でも、こういう方も図解をたくさんこなしていけば、体得できていくものです。

図解とは、頭の中にあるモヤモヤとした考えや、複雑に見える状況を上手に整理し、わかりやすくするツールです。

つまり、「物事を俯瞰するために役立てる」ためにあるのです。

細かい部分にこだわるより、問題を広い視野でとらえることを、常に意識してほしいと思います。

2 △図で考えを深めたり、問題を体系的に考えたりする

ここからは、ある旅行代理店に勤めるAさんの問題を解決してくれる「4つの図」の使い方をお見せしましょう。

Aさんは、知っていることや思いついたことを、すべてお客さまに話してしまうため、話があちこちに飛んでお客さまを混乱させたり、いろいろなツアーを的外れに提案し、断られることもしばしばでした。

そんなAさんも図解の助けを借りて、上手に商談を進めることができたのです。

「1泊2日、大人3名で旅に出たい」

あるお客さまが、来店して口にしたのが、この言葉。

そこでまずAさんが使ったのが、△**図**です。

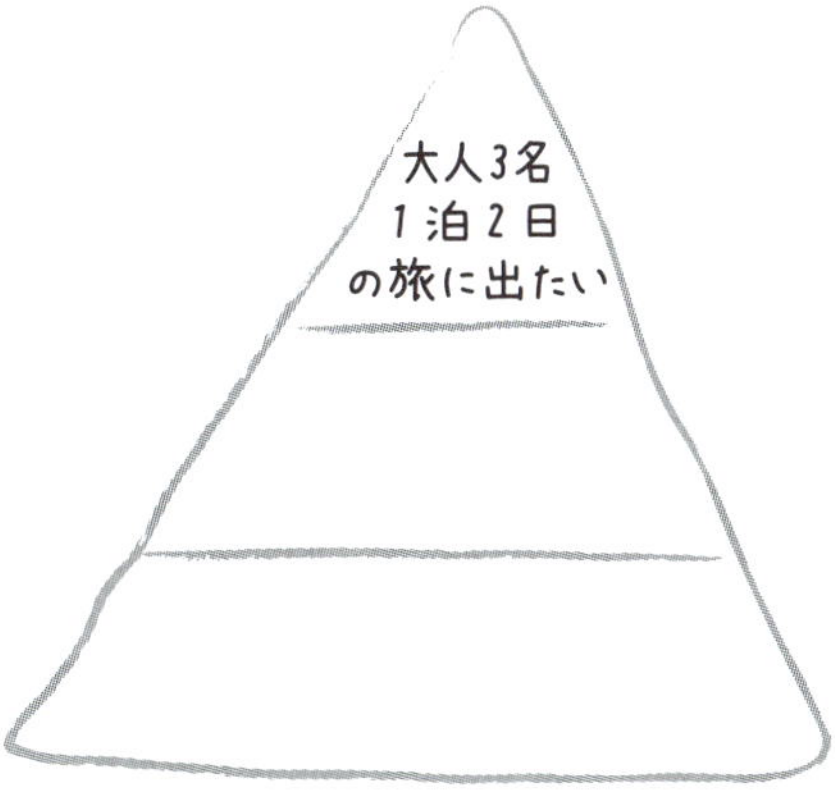
大人3名
1泊2日
の旅に出たい

この図は、**課題に対して「なぜ？」、あるいは「だから？」と繰り返し問うことで、考えを深めることができます。**

△の一番上には、現在直面している課題を入れます。

「1泊2日、大人3名」のままでは漠然としすぎていて、どんな旅行を提案していいのかわかりません。

そこで、「なぜ旅をしたいのですか？」と掘り下げてみました。

その結果、「親と一緒に旅がしたいんだよね」といったニーズが引き出せました。

大人3名
1泊2日
の旅に出たい
↓なぜ？
親と一緒に
ゆっくりすごしたい

さらに「どうして親御さんと旅をしたいのですか？」と掘り下げると、

「親が忙しくて、子どもの頃は一緒に過ごす時間がなかったんだ。だから、多少お金はかかってもいいから、一緒に楽しみたいんだよね」

という答えを引き出すことができました。

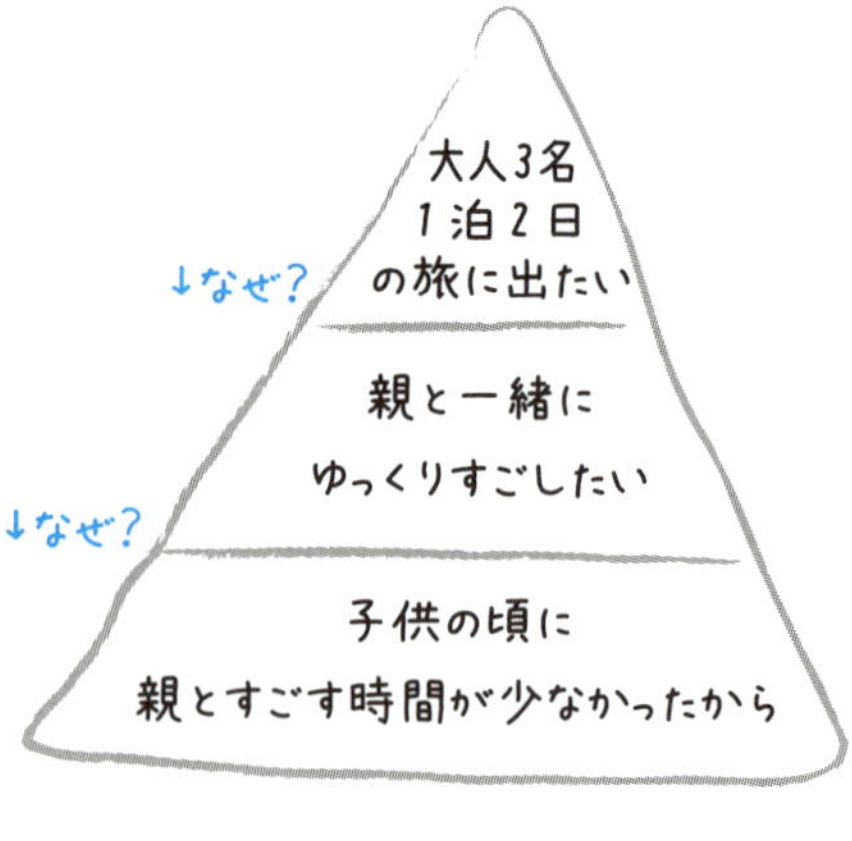
大人3名
1泊2日
の旅に出たい
↓なぜ？
親と一緒に
ゆっくりすごしたい
↓なぜ？
子供の頃に
親とすごす時間が少なかったから

生産方式の「カイゼン」でも知られるトヨタ自動車では、問題を解決するために5回「なぜ？」を繰り返すことを提唱しています。

これは、慣れない人にとってなかなか難しいかもしれません。

しかし、こうして「なぜ？」を2回繰り返すだけでも、お客さまの真意を深く知ることができるのです。

初心者はまず、**3段階の△図を描く**ことに取り組んでみましょう。

△図は、**「だから？」**でも使えます。

未来を予測して対策を立てたり、原因を分析したりする際には、この「だから△」で考えましょう。

たとえば、このところアジアからの観光客が増えているとしましょう。

ここで、「だから？」と繰り返し自問自答すると、こんな図が描けるのです。

なお、「だから？」と、対策を考える場合、三角は、▽になりますね。

漠然とした事象が、「だから？」を繰り返すことで、

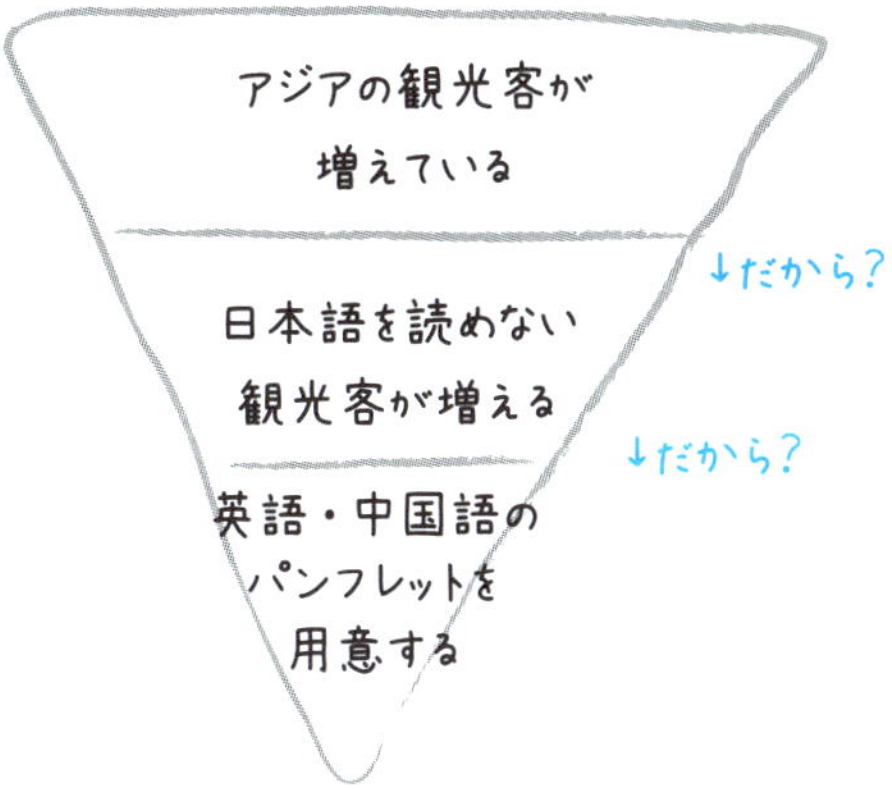
アジアの観光客が増えている
↓だから？
日本語を読めない観光客が増える
↓だから？
英語・中国語のパンフレットを用意する

具体的になってきます。
一方、「なぜ?」の場合は、具体的な事象を、抽象化して、本質を探ります。

△の一番上のスペースは、氷山の海面に浮かんでいる部分のようなものです。
ここに入れた課題について「なぜ?」「だから?」を繰り返すうちに、海面の下に隠されている氷山の全体像が見えてきます。

すると、考えを深めたり、問題を体系的にとらえることができるようになるのです。

3 ○図で、キーワードに共通事項がないか確認する

さて、次に使うのは、○図です。

これは、**さまざまな要素を整理したり、共通点や関係性を「見える化」したりするときに使われます。**

まずは、「自分が提供できるサービス」と「お客さまが求めるサービス」というキーワードで情報を整理しました。

Aさんが扱っているツアーは、「激安日帰りツアー」「高級日帰りツアー」「激安1泊2日ツアー」「高級1泊2日ツアー」の4種類。

これらを「自分が提供できるもの」という枠を設け、その中に書き出します。

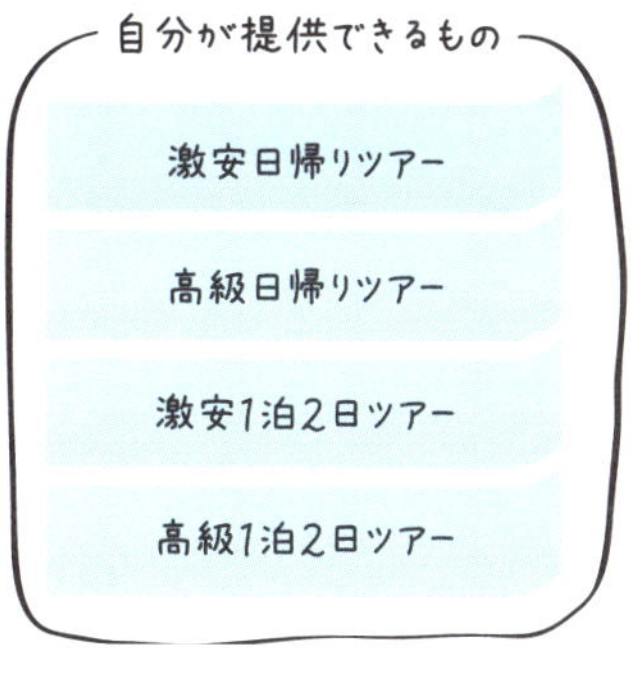

一方、お客さまが求めているのは、前項でわかった通り、「お金はかかってもいいから、親とゆっくり、快適な旅を味わいたい」というものでした。

これを、「お客さまが求めるもの」という枠の中に書き出します。

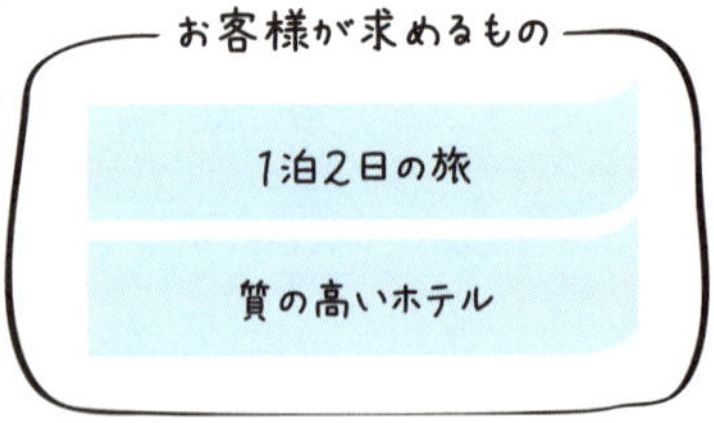

ここで、この**2つの共通点を考えてみる**のです。

すると、激安ツアーや日帰りツアーは、お客さまのニーズとは合わず、「高級1泊2日ツアー」を提案するのが最善だということがわかりました。

ビジネスの基本は、「自分が提供できること」と「お客さまが求めること」の共通点を探ること。このとき、○図が効力を発揮するのです。

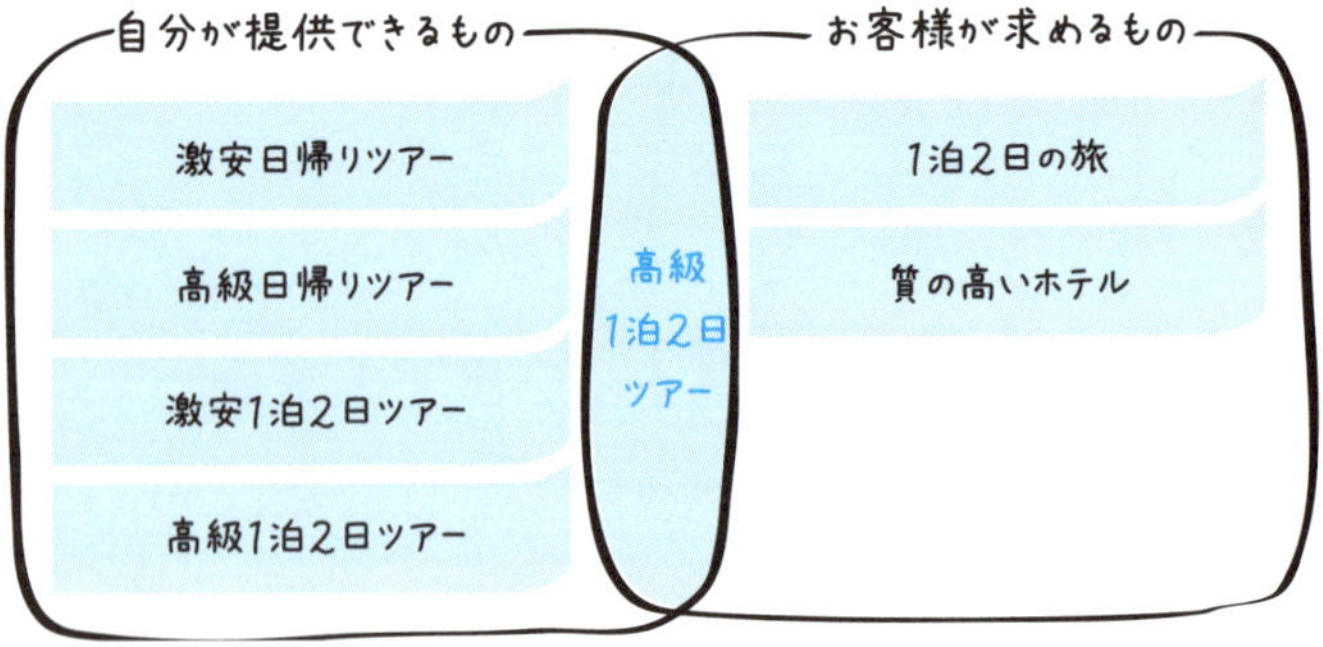

Chapter

3

○△＋⇨で考える
たった４つ no 図解思考

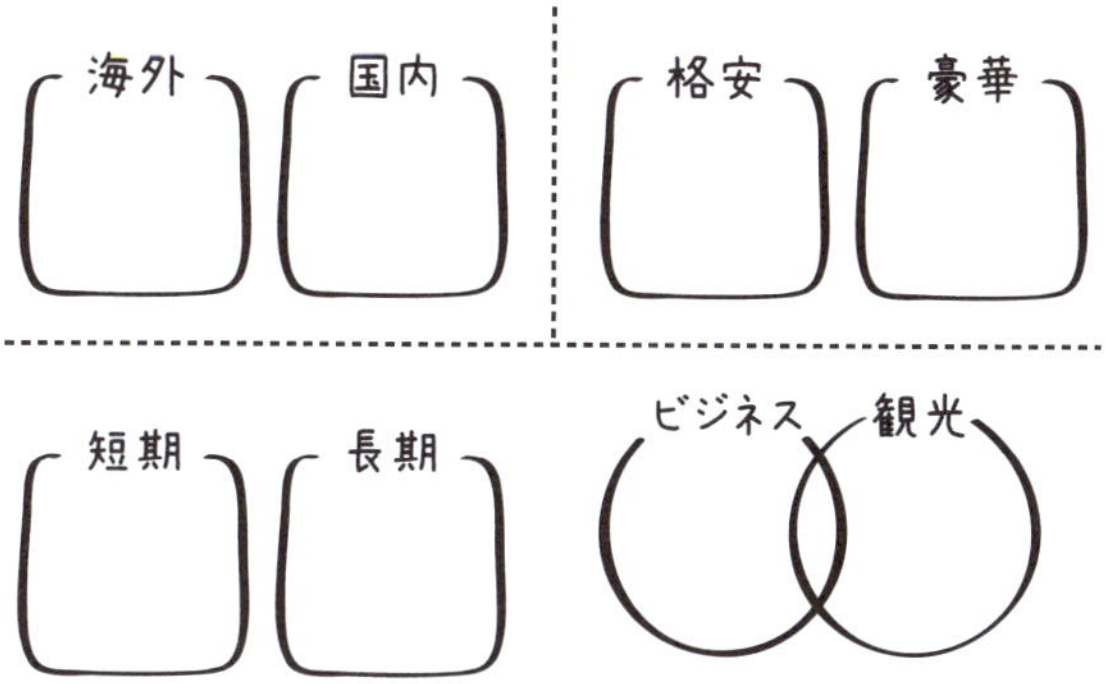

また、○図は複雑な情報を整理するときにも使えます。たとえば、あなたがたくさんのツアー商品を抱えて混乱しがちだったとしましょう。

でも、上のような図を用意しておけば、頭の中はかなりスッキリするはずです。

タンスに洋服をしまう際には、ジャケットやシャツなど、種類ごとに分類するのが普通です。すべての服を一緒にしまうと、目的の服を見つけるまで時間がかかってしまうからです。

頭の中身も同様です。たくさんの情報を整理しないままでいると、頭がモヤモヤして、考えることが面倒くさくなってしまいます。

でも、それらをいったん書き出し、○図を使ってグループ分けしてみると、とてもスッキリするのです。

4 ＋図で、キーワードの反対語を考え全体像を示す

次に活用するのが、**2つの軸を用意して全体像をつかむ＋図**です。

これは、2組の対立するキーワードを使い、進むべき道などを絞り込むときに使います。


Aさんは、お客さまのニーズを把握し、高価格帯の1泊2日旅行を提案するのが最善だと確信しました。

ただし、行き先についてはまだ決めかねています。

Aさんが提案できるのは、箱根・伊豆・青梅・鴨川のツアー。このうち、どれを提案すればいいのか、判断が必要です。

まずは、お客さまが最も大事にしたい「親とゆっくりしたい」というニーズについて考えてみます。

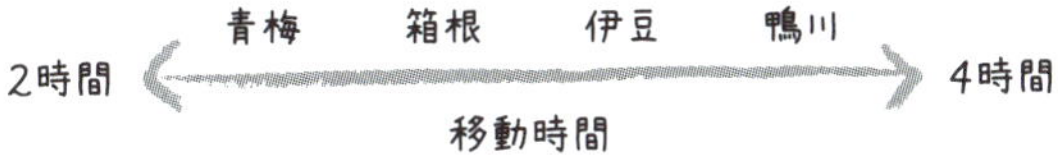

ツアーは、1泊2日という限られた日程ですから、移動時間はできるだけ短いほうがいいはず。

そこで「移動時間」という軸を設け、4つの目的地を、移動時間が片道2時間で済む箱根・青梅と、片道4時間ほどかかる伊豆・鴨川に分けてみました。

次に、「お金はかかってもいいから、快適な旅を楽しみたい」というニーズについて考えます。

この場合、「1泊あたりの宿泊費」という軸を設け、目的地を、1泊2万円程度かかるが質の高いサービスが受けられる箱根・伊豆と、1泊1万円程度と安価だがサービスの質は劣る青梅・鴨川に分けてみました。

ここまでに作った2つの図を合わせたものが、次の図です。

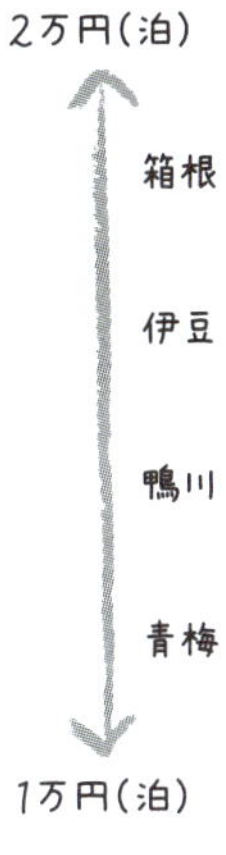

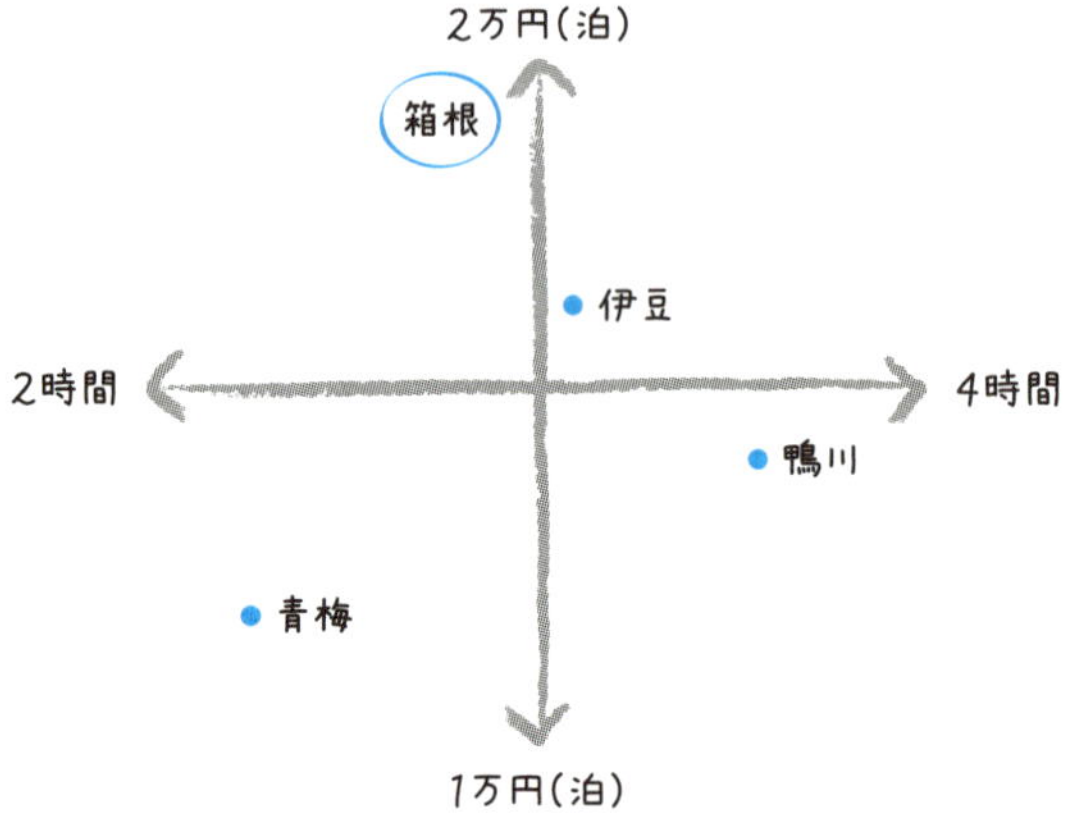

こうやって図を描いてみると、

「移動時間が短くて親と長い間一緒にいられる」

「料金が高くても、質の高いサービスを受けられる」

というお客さまのニーズを満たすのは、箱根だということがわかります。

ですから、お客さまに「箱根の高級ホテルで1泊2日ツアー」を提案するのが、最適ということになるわけです。

このように+図を描けば、どの選択肢が最適なのか絞り込むことができるのです。


この図は、お客さまに提案する際にも役立ちます。

人は何かを判断するときに、理由を求めるもの。

「他の選択肢に比べ、こちらを選ぶほうがずっといい」と納得できるほうが、きっぱりと決断できるのです。

ですから、お客さまに＋図を見せ、他の目的地より箱根がいいことを説明できれば、契約を勝ち取れる可能性はグッと高まるはずです。

ここで1つ、注意していただきたいことがあります。それは、**1つの＋図に入れる軸は、2つにとどめる**ことです。

たとえば、旅行の目的地を決めるための軸が、「移動時間」と「宿泊費」以外にあったとしましょう。

その「第3の軸」を＋図に入れようとすると、図が立体になってしまいます。

こうなると、図が複雑化し、わかりづらくなってしまいます。

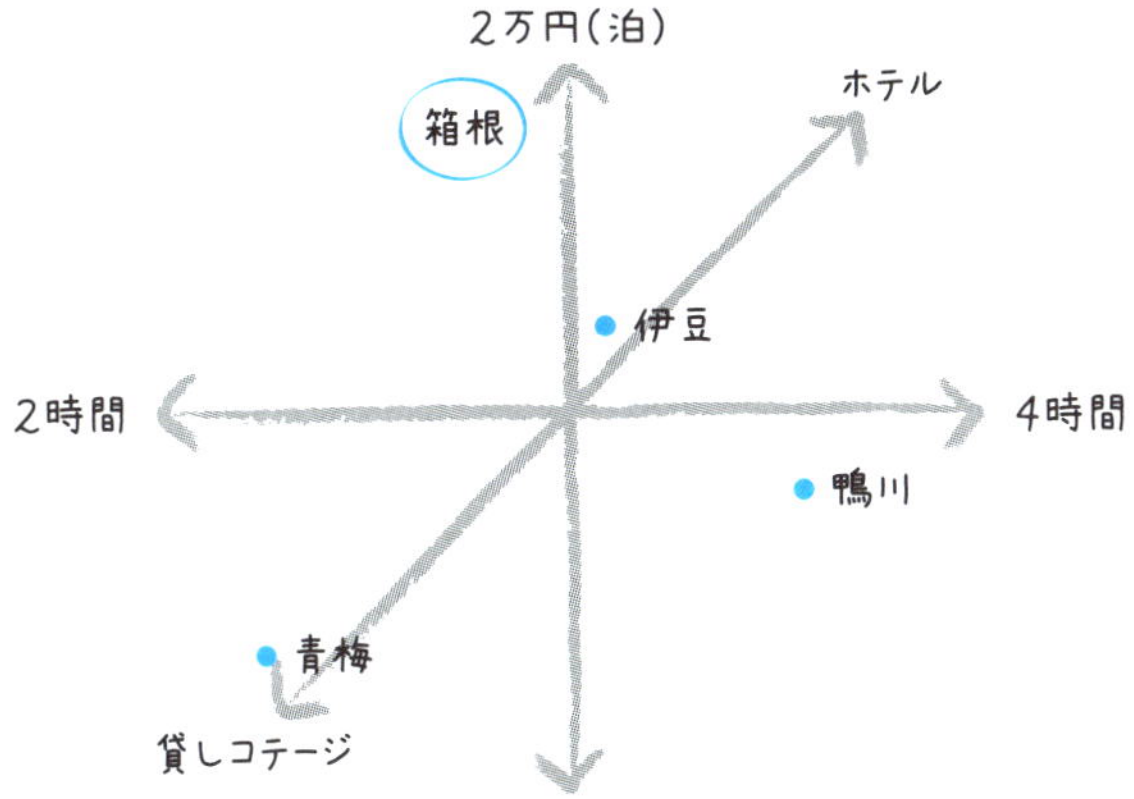

そこで、第3、第4の軸を入れたいときは、もう1つ、別の図を描くことにしましょう。

1つの＋図に入れる軸は2つだけ。

これが、わかりやすさを維持する鉄則なのです。

＋図の縦軸・横軸はどう選ぶ？

すでに説明したように、＋図では2つの軸を用意して図解をします。

では、このときにどんな基準で軸を決めればいいでしょうか？

この質問は、勉強会などでよく受けます。それだけ悩んでいる人が多いのでしょう。

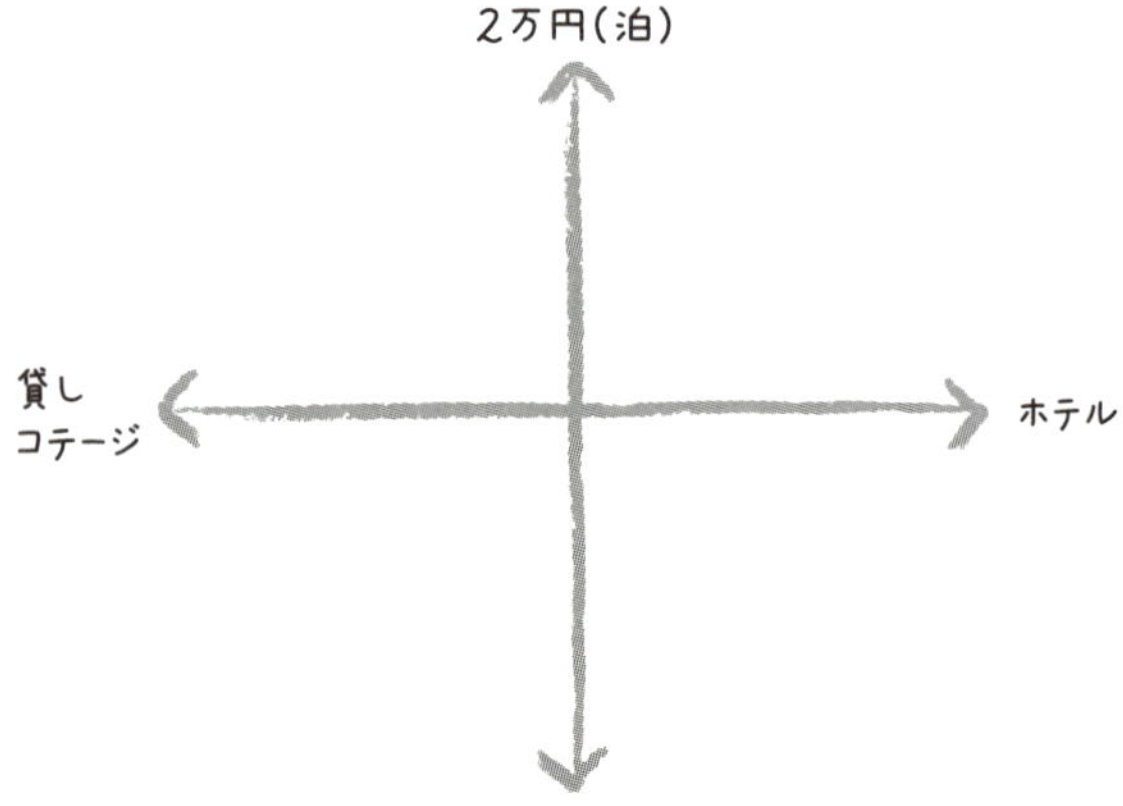

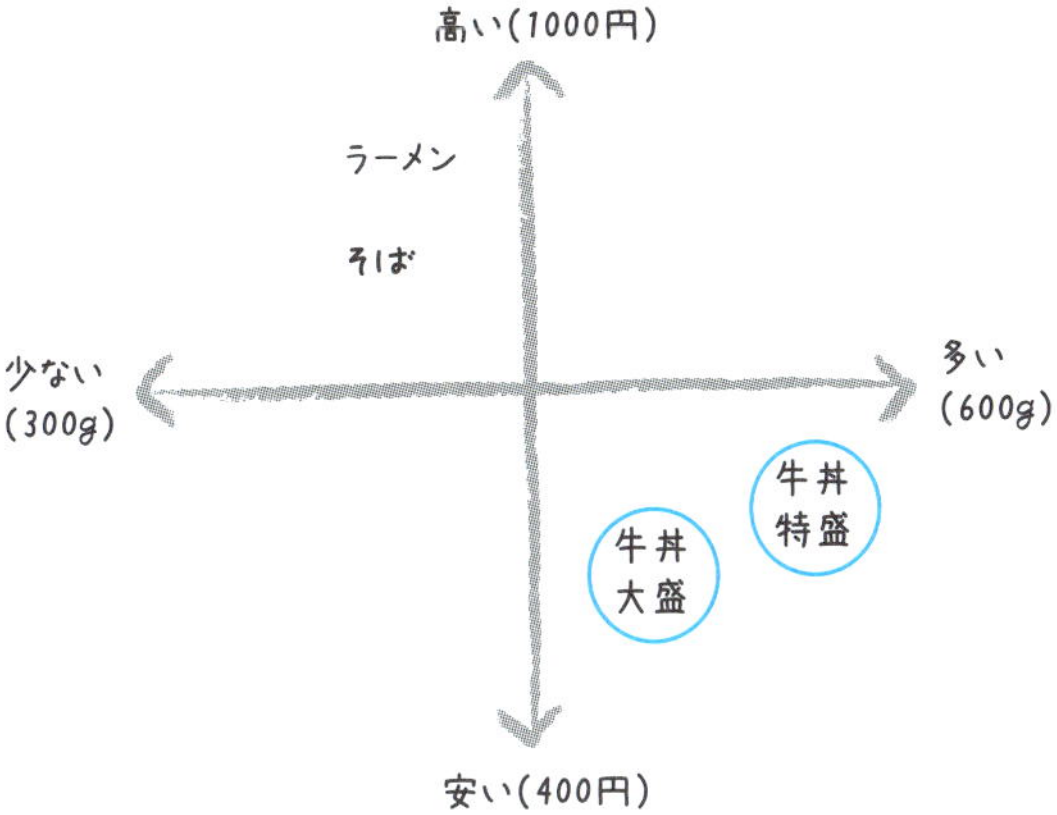

しかし答えは、意外にシンプルです。

「＋図で対比させたいキーワードの中で、**1番目と2番目に大切なもの**を軸に選ぶ」。これだけです。

たとえば、あなたがランチを食べに行ったとき。

その際、何を基準に食べるものを決めるでしょうか？

まずは、キーワードを挙げてみましょう。「味（おいしい・おいしくない）」「量（多い・少ない）」「値段（高い・安い）」「カロリー（高い・低い）」など、いくつかの軸が浮かんでくるはずです。そして、その中で「1番大事なもの」と「2番目に大事なもの」を軸に選べば、＋図を作ることができるでしょう。

たとえば、できるだけ安い費用で満腹になりたい男子学生なら、上のような図を描くでしょう。

大事にするキーワードは、「量」と「値段」。そこで、この２つを縦軸と横軸にするのです。すると、量が少なくて値段の高いラーメン・そばより、安くて量の多い牛丼のほうがベターだとわかります。

一方、体重が気になる人なら、選ぶべき軸が変わります。

縦軸の「値段」は先ほどと一緒ですが、横軸は「カロリー」に変わりました。すると、「安いがカロリーの高い牛丼」や「カロリーは低いが値段の高いラーメン」より、「低カロリーで値段も安いそば」がベストの選択だとわかるのです。

軸にするキーワードは、対にできるものなら何でも構いません。たとえば、「店内で食べる・テイクアウト」「和食・和食以外」などでもいいのです。

ただし、軸に選ぶのは、あくまで対にできるものだけだと覚えてください。

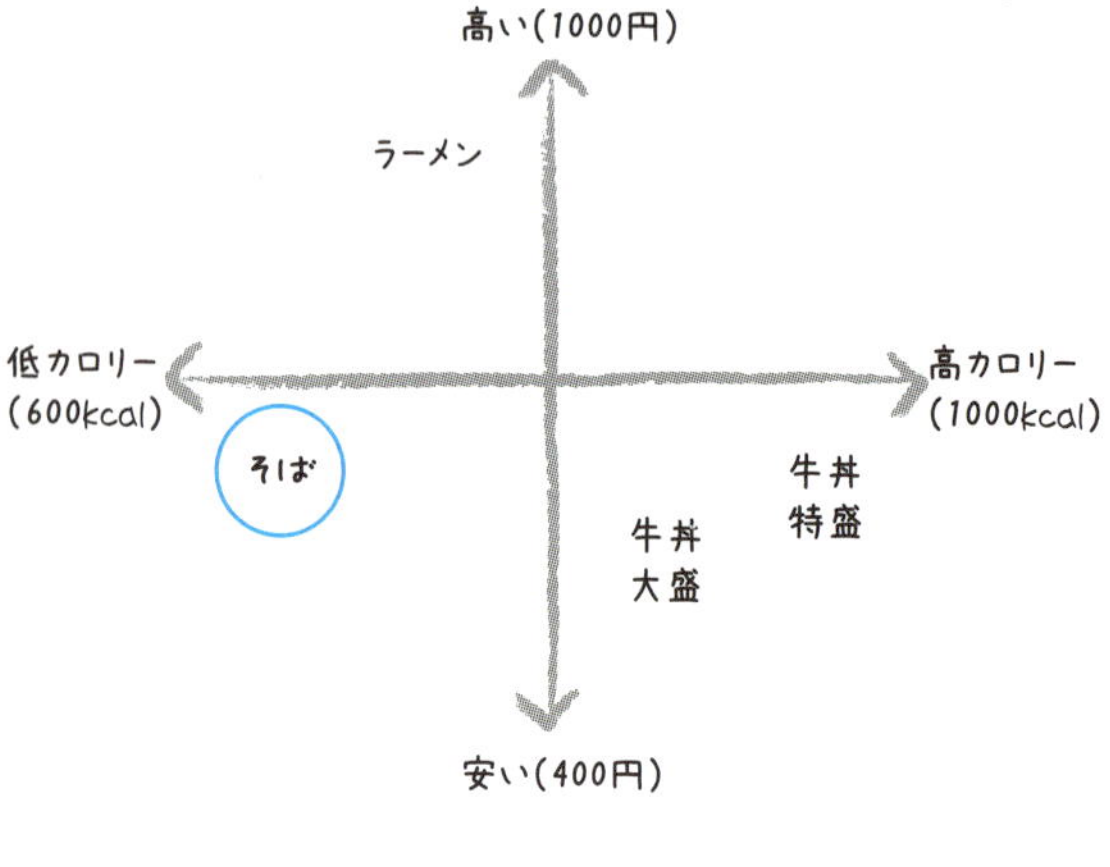

5 ⇨図で、キーワードを紹介する順番を考える

最後にご紹介するのが⇨図です。

これは、**時間や手順の流れをわかりやすく図式化**したものです。

Aさんは、今後の手続きの流れをお客さまに説明するため、次のような図を描いてみました。

こうした図を描いて手渡せば、お客さまは、今後の段取りを簡単に把握できるはずです。その結果、共通理解が深まって、トラブルやクレームが発生する危険性も減らせるでしょう。

また、旅先でのスケジュールを⇨図で描くのも、わかりやすくていいと思います。

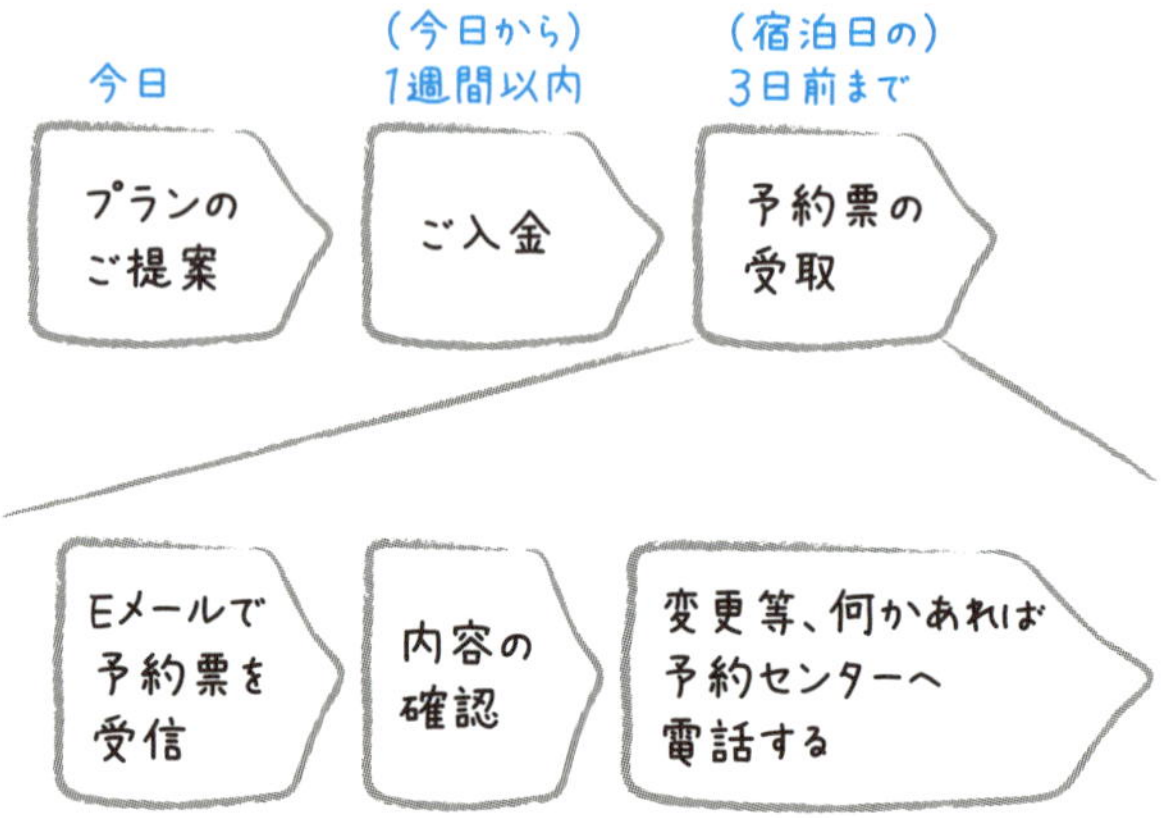

⇨は3・4つまで

ここで気をつけたいのが、**1つの図に入れるのは3〜4段階程度にする**ことです。

あまりに多くの要素を盛り込むと、全体の流れがわかりづらくなるからです。

もし、段階が多くなってしまうときは、いったん大きな⇨図を描いてから、さらにそれを細かくした図をつけ加えるほうがベターです。

たとえば、「予約票の受け取り」という段階を、もう少し細かくしたのが上の図です。

ところで、⇨図は**時間軸で区切って描く**ことも可能です。

たとえば、ツアー用のパンフレットをリニューアルすることになり、その行動計画を立てるとしましょう。

その場合、こんな図を描くと、やるべきことがはっきり見えてくるはずです。

このように行動計画を立てておくと、迷うことなく行動を起こすことができます。

たくさんの仕事を抱えているビジネスパーソンの皆さんには、ぜひ、こうした計画表を作ることをお勧めします。

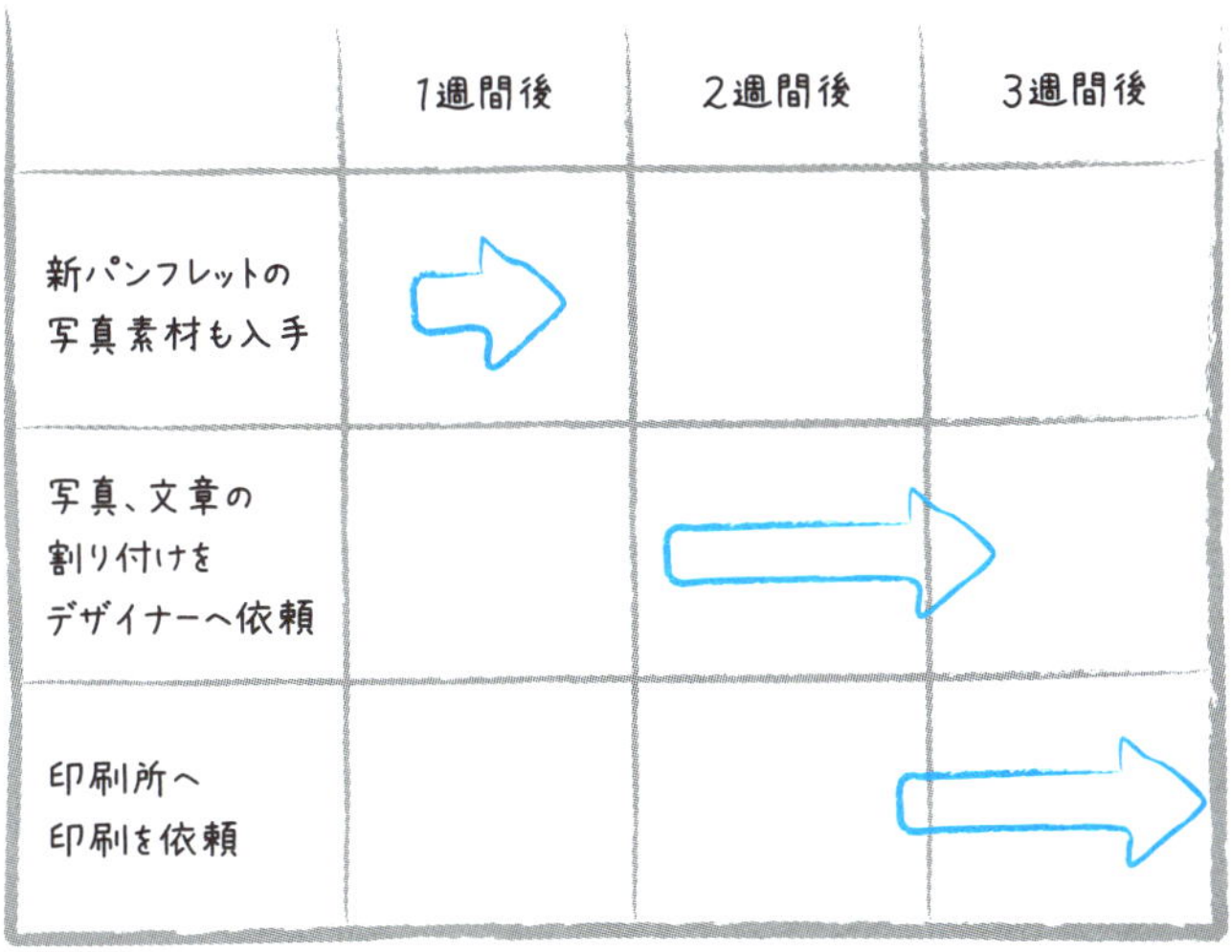

6 描き直しが発生しないよう1回で大きな図を描く

これまで取り上げてきた「旅行代理店のAさん」の事例は、説明のため、非常に単純化したものでした。

しかし、現実の社会では、状況はもっと複雑です。取り扱う商品はたくさんの種類があるでしょうし、お客さまのニーズもいろいろな要素が含まれているかもしれません。

そうした雑多な情報を整理するには、最初から大きなサイズの図を描くことが大切。

最初に小さな枠を描くと、情報を書き込むうちに一杯になり、描き直す必要が出てしまうからです。

相手に説明するための図は、小さなホワイトボードなどでも十分に描けるでしょう。

しかし、**頭を整理するための図は、できるだけ大きな紙に描くことをお勧めします。**

あなたの頭の中には、実は驚くほどたくさんの情報が詰め込まれているのです。

Chapter

3

○△＋⇨で考える たった4つ no 図解思考

図解勉強会では、グループごとに大きな模造紙を使い、図を描くことにしています。また、私が自宅で図解を行うときは、最低でもA4サイズの紙を使います。もし広い家に住んでいる人なら、空いている壁にテープで模造紙などを貼り、そこに付箋を貼って図解するのも1つの手でしょう。

図とは、頭の中などに収められている情報をわかりやすく整理する、収納ボックスのようなものです。できるだけ大きめの枠を用意し、思いついたキーワードなどをポンポン放り込むのが、効率のいいやり方だと言えるでしょう。

7 矢印を活用する

この本でお話する図解の基本は、○、△、+、⇨という4つの図です。

しかし、これだけでは伝えづらい要素もあります。それは、「流れ」や「関係性」です。

そこで、基本となる4つの図に、**矢印を組み合わせる**方法をご紹介しましょう。

たとえば、これはモノとお金の流れを示した図です。

矢印を上手に使うことで、ダイナミックな動きをわかりやすく伝えられます。

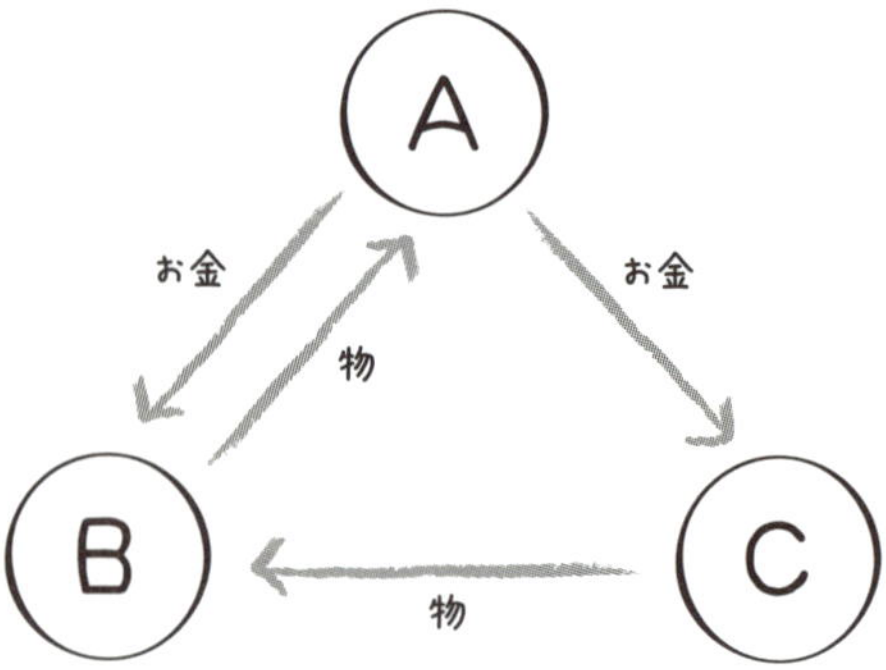

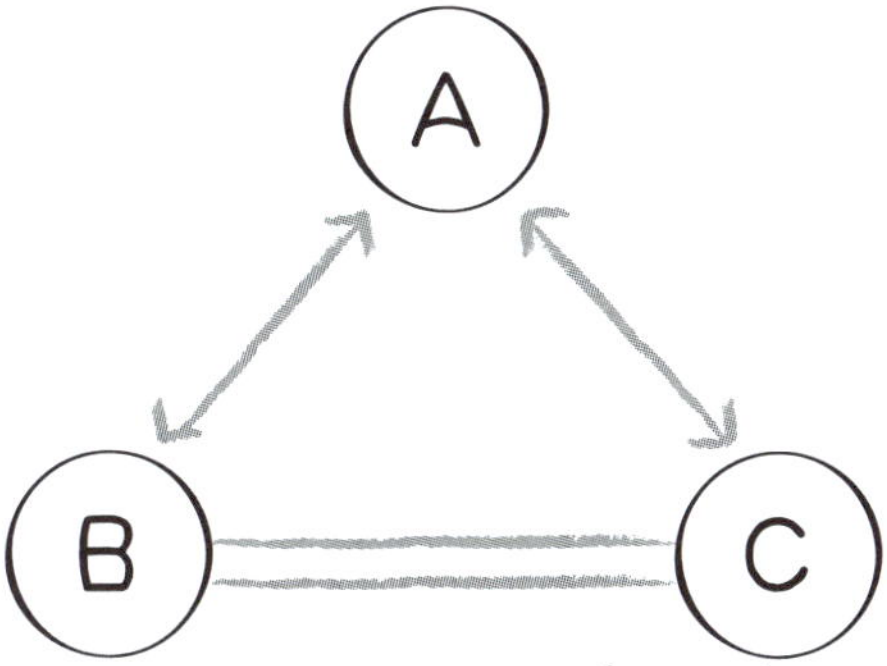

また上の図は、複数の企業についてライバル関係・協調関係を示しています。

左はB社とC社が提携して、Dという別会社を作っている例です。

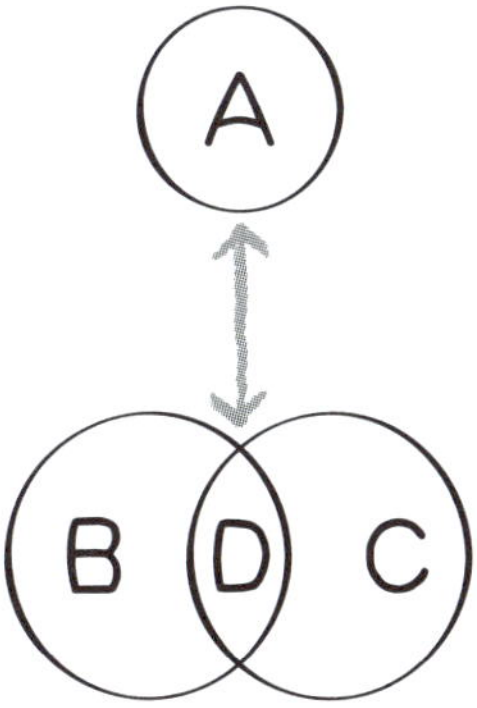

○図に矢印を描き加えることで、各社の関係が明確化されているのがおわかりになると思います。

このように、基本となる4つの図に矢印を加えることで、さらに図のクオリティを高めることができると知っておきましょう。

column

志を明らかにした名刺で他者との差別化を！

異業種交流会などで、名前と連絡先しか書かれていない名刺をいただくことがあります。

これ、とてももったいないなあと思うのです。

何しろ、相手の印象に一切残らず、差別化もできていないのですから。

そうした人にお勧めしたいのが、自分の「志《こころざし》」を盛り込んだ名刺です。

人は、自分が共感できる人と働きたいと願うものです。

たとえば、私の夢は、図解改善を広めて日本を元気にすること。

だから、「仕事を通じて日本を元気にしたい」と考えている人に出会えると嬉しくなり、何とかこの人を助けられないかと考えます。

つまり、**志を明らかにすることで、仲間を得るチャンスが広がる**のです。

column

たとえば、社長を事務作業から解放することを使命とする会社「OFFICEキスク」を経営する高倉《たかくら》己淑《すえ》さんは、こんな名刺を作っています。

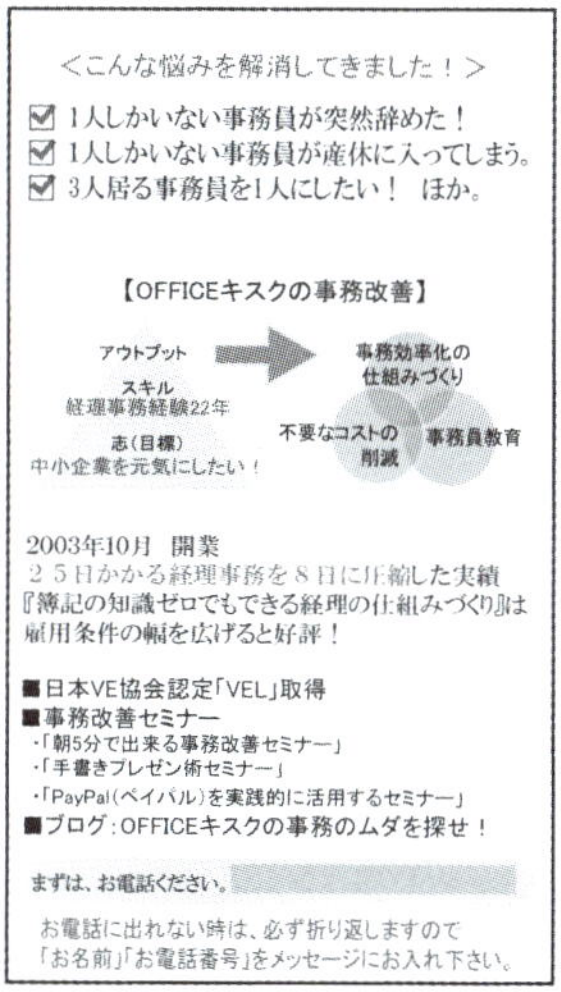

高倉さんが大切にしている志と、OFFICEキスクの強みが、実によく伝わってくると思いませんか？

皆さんも、ぜひ自分の志を明確にした名刺を作って、他者との差別化を目指してください。

紙とペンだけあれば図解 de 問題解決できる

Chapter

4

0 7つのステップで問題解決

～フードコンサルタントKさんの悩みとは？

前章では、図解改善で使う4つの図について説明しました。ここからは、それらを使い、実際に悩みや課題を解決するまでの流れを紙上体験してみましょう。

今回、協力をしてくれたのは、50代の男性であるKさん。

普段は、フリーランスの「フードコンサルタント」として働いています。飲食店のオーナーに対し、調理時間短縮や新規店舗開設に関するノウハウの提供、金融機関などへの融資支援などのコンサルティング業務を行うのが、Kさんの役目です。

しかし、**年々売上が下がっていて、今後どうしようか悩んでおられました。**

そこで私は、次の7ステップでKさんの頭の中を整理し、課題を解決するお手伝いをしようと思いました。

① 問題をピックアップする
② 問題を整理する
③ 問題をまとめてキーワードを見つける
④ キーワードを図解で掘り下げる
⑤ 大きな目で見て解決ポイントを見つける
⑥ 解決の順番を考える
⑦ 関係者に伝える

それでは、課題解決の手順を、実際に見てみましょう。

1 問題をピックアップする
～世間話をしながら「なぜ？」と問いかける

最初に取りかかるのは、問題を探ることです。

売上が下がっている問題を真正面から探ろうとしても、なかなかうまくいきそうにありません。そこで私は、Kさんのおかれている状況を、世間話を通じて聞くことから始めることにしました。

Kさんは高校卒業後、寿司屋に就職。寿司職人として、10年ほど働いた後、回転寿司チェーンに転職し、マネジメントも担当するようになりました。そこで身につけたノウハウを生かし、30代半ばで飲食店を支援するコンサルティング会社に入社。フードコンサルタントとしてのキャリアをスタートさせました。ところが、4、5年ほど前にその会社が倒産。そこでKさんは、フリーのフードコンサルタントとして独立したのです。

Chapter

4

紙とペンだけあれば
図解 de 問題解決できる

そんな話をしているとき、Kさんの口からこぼれたのが、こんな言葉でした。

「せっかく多部田さんから図解を習っているのに、それを営業に使う機会が全くないんですよ」

コンサルタントをしていれば、顧客に営業に行くこともあるはず。そう思った私は、Kさんに「なぜですか?」と聞いてみました。

すると、Kさんは新規顧客に対して売り込みをしたことが一度もないと言うのです。

私は、さらに「どうしてKさんは、新規のお客さんに営業をしたことがないんですか?」と問いかけました。

Kさんの答えは、「前職からつき合いのあるお客さまが、今でも声をかけてくれるんですよ」というものでした。

営業をしていないのにお客さんがいるのは、ある意味、理想的なことです。それだけ、Kさんの仕事ぶりが評価されているのでしょう。

それで私は、「営業しなくていいのは、素晴らしいですね」と話しかけました。

ところが、Kさんの表情は、急に曇ってしまったのです。

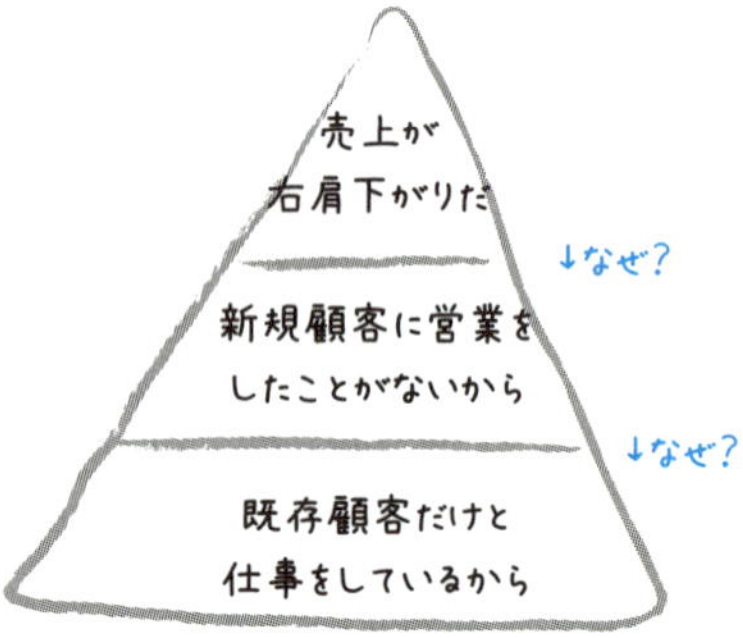

売上が
右肩下がりだ
↓なぜ？
新規顧客に営業を
したことがないから
↓なぜ？
既存顧客だけと
仕事をしているから

「まあ、過去の遺産で食ってるようなもんですよ。でも、業績がよくなったらコンサルの契約も終了ですからね……
そうか、わかったぞ！　新規顧客が増えないままでは、将来は先細りになってしまうんです。それが、僕にとって最大の悩み事だったんですよ。今、初めて気がつきました！」

このとき私が行ったのは、Kさんに対し、**「なぜ？」という問いかけを繰り返す**ことでした。

実はこれが、問題をあぶり出すためのコツなのです。

何か心に引っかかることがあったら、「それはなぜだろう？」と何度も質問してみましょう。

すると、問題を深く掘り下げて考えることができるのです。

2 問題を整理する

～頭に浮かんだことを全てメモに書き出す

Kさんにとって最大の問題は、新規顧客が全く増えず、将来に不安を抱えていることだと判明しました。そこで、さらに一歩踏み込んで、その原因を整理することにします。

ここでも有効なのが、「なぜ？」という問いかけです。

なぜ、既存顧客としか仕事をしていないのか、悩みを抱えている相手に対し、繰り返し質問をしてみるのです。もし、悩んでいるのが自分自身なら、「なぜだろう？」と自問自答してみましょう。

Kさんは、新規顧客が増えない理由について、こんな風に語ってくれました。

同じお客様としか仕事しない

新しいことに挑戦できない

能力が10年前から
進化していない

飲食業界にはコンサルを
受け入れる企業が少ない

下積み時代が長かった

調理場では会話がなかった

師匠の指示に従うのみ

ホールの仕事は手伝わない

顔が怖いと言われる

食品業界のセミナーには
参加していない

5年前と同じ事をやっている

いつも同じ人との会話

新しいことないの?
と良く聞かれる

マネジメントが苦手

黙々と仕事したい

営業したことがない

お客様からの誘いを待つ

プレゼンしたことがない

会話するのは得意じゃない

話す時にそわそわしてしまう

相手の目を見て話すのが苦手

セミナーに出るけれど
身につかない

本をたくさん読むが
実践していない

去年と変わらない自分がいる

ここで大事なことは、**思いついたことを全て語ってもらうこと**です。

頭の中で考えるだけではダメ。

取るに足らないようなことも、ひとまず話してもらい、メモを取りましょう。

そうすることで頭の中が整理しやすくなりますし、その言葉から連想が働いて他のキーワードに結びつくことも多いのです。

中には、似通った項目も出てくるでしょうが、この段階では重複など気にせず、とにかく列挙することが大事です。

ところで、私は1章で「1つの図は、1分以内で描きあげる」と言いました。でも、図解をする前の段階では、じっくり時間をかけ、キーワードを一つひとつ拾い上げます。

図解を使えば、ごく短時間で物事を整理できます。でも、十分な情報が出そろわないうちに整理作業を始めても無意味なのです。**まずは、頭の中でモヤモヤとしている考えを、全て書き出すこと**。それが、図解を書くためには不可欠です。

慣れてくれば、話を聞きながら重要なポイントをピックアップできるようになるでしょう。

でも、特に初心者のうちは、「全てメモに書き出すこと」を徹底してください。

会話をする機会が少なかった

- プレゼンしたことがない
- 黙々と仕事したい
- 調理場では会話がなかった
- 師匠の指示に従うのみ
- ホールの仕事は手伝わない
- 顔が怖いと言われる
- 会話するのは得意じゃない
- 話す時にそわそわしてしまう
- 相手の目を見て話すのが苦手
- マネジメントが苦手

行動していない

- 去年と変わらない自分がいる
- 新しいことに挑戦できない
- 能力が10年前から進化していない
- 5年前と同じ事をやっている
- セミナーに出るけど身につかない
- 本をたくさん読むが実践していない
- 新しいことないの？ と良く聞かれる
- 食品業界のセミナーには参加していない
- 飲食業界にはコンサルを受け入れる企業が少ない

新規営業に回っていない

- 同じお客様としか仕事しない
- いつも同じ人との会話
- 営業したことがない
- お客様からの誘いを待つ

さて、話を一通り聞けたら、メモを見直しましょう。

先ほどのステップ同様に、「なぜ？」「どうして？」と問いかけ、共通の理由が見えてきたら、グループにまとめていきましょう。

「まとめる」「全体を見る」作業が簡単にできるので、**メモは付箋に1つずつ書いていく**ことをオススメします。

たとえば、話をするときにそわそわしてしまうのは、寿司職人時代に師匠の指示に従うのみで調理場では会話する機会がなかったから。

このとき私は、メモを3つのグループに分類して各グループにキーワードをつけました。

こうしてKさんの言葉を整理すると、問題点が徐々に明らかになってきます。

まず、Kさんには人と会話をする機会が多くなかったことが浮かび上がりました。特に、新しく出会った人と話す機会は少なかったようです。

そして、積極的に行動していないこともわかりました。それで、新しいお客さまを獲得できないという結果につながっているのでしょう。

さあ、Kさんのおかれた状況は、だいぶはっきりしてきました。

3 問題をまとめてキーワードを見つける

〜悩む理由を図と言葉で抽象化

新規の顧客を開拓できなければ、Kさんの将来は開けません。ところが、Kさんはなかなか行動に移せないようです。

では、その理由は何でしょうか？

私から見ると、Kさんは社会経験も長く、コンサルタントとしての知識も素晴らしいものがあります。自信を持って営業すれば、新しい顧客が開拓できるのではないかと思いました。

そこで、

「なぜ営業をしないんでしょうねえ？　Kさんなら、立派にやり遂げられると思うんですが？」と、さらに突っ込んでみたのです。

すると、Kさんは営業への苦手意識があると答えました。

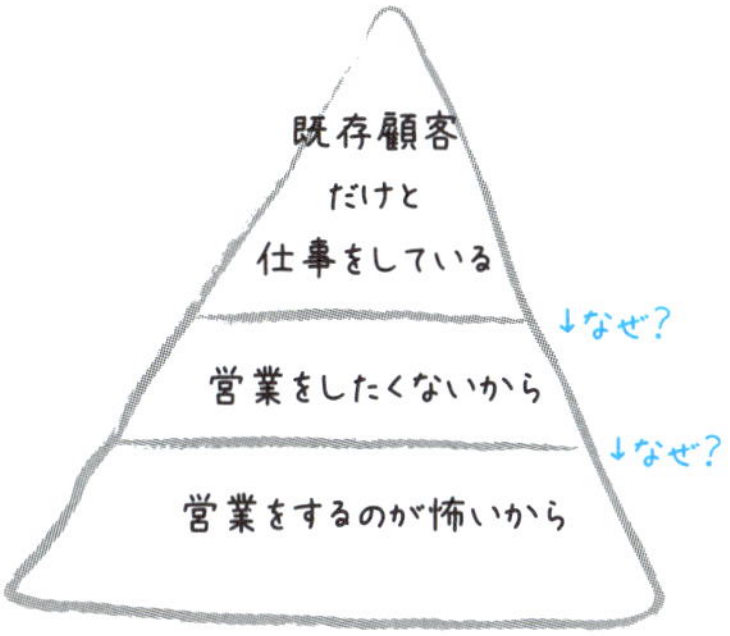
既存顧客
だけと
仕事をしている
↓なぜ?
営業をしたくないから
↓なぜ?
営業をするのが怖いから

これまで経験したことがないので、営業が怖いというのです。

では、人生経験豊かなKさんが、なぜ営業を怖がるのでしょうか?

私は、さらに聞いてみました。

ここで注意しなければならないのは、悩んでいる相手を、**「なぜ?」の連発で追い込まない**ことです。

今回の目的は、Kさんの悩みを解決し、取り除くこと。だから、決して「尋問」のような雰囲気になってはいけません。

柔らかい口調になるよう工夫したり、相手の立場に寄り添って一緒に考えようとする姿勢を強調すると、心の中にある悩みをすんなりと引き出すことができると思います。

ただし、相手が答えるまで、5分以上待つこともあります。

そのような場合でも、決して、答えを誘導してはいけません。

本人がシックリ来る答えを見つけることが大切なのです。

さて、Kさんも、じっと考え込みました。

そして、しばらくしてから、

「私は、失敗したり不器用な自分を見せたりするのが嫌なのです。それが、営業に尻込みする理由かもしれません」と答えてくれました。

Kさんには、2つ年上のお兄さんがいます。

2人は子どもの頃、同じ野球クラブに入っていました。お兄さんは実力を発揮し、すぐレギュラーに抜擢。ところが、Kさんは小さかったこともあって、試合に出られない日々がしばらく続いたそうです。悔しさをバネに、Kさんは陰ながら努力を重ねました。1人で夜の公園に向かい、毎日素振りを繰り返したそうです。その結果、野球の腕前は上達。やがて試合に出て活躍できるようになったと言います。

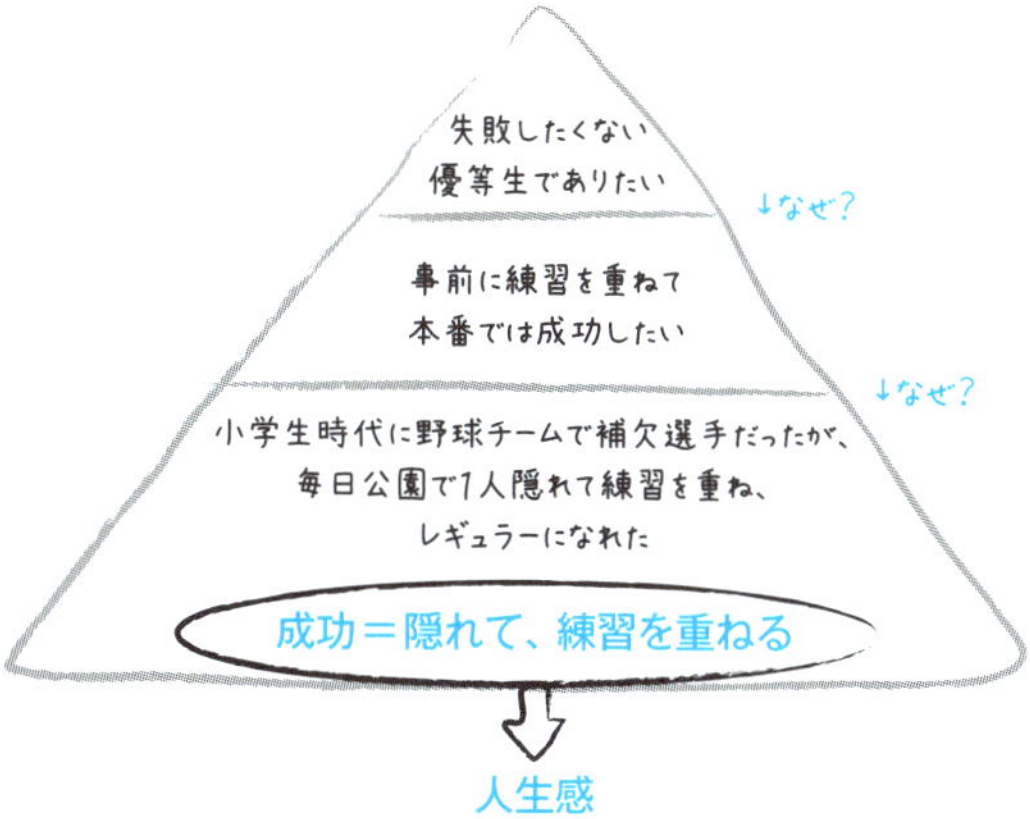
失敗したくない
優等生でありたい
↓なぜ?
事前に練習を重ねて
本番では成功したい
↓なぜ?
小学生時代に野球チームで補欠選手だったが、
毎日公園で1人隠れて練習を重ね、
レギュラーになれた
成功＝隠れて、練習を重ねる
人生感

これが、Kさんにとって大きな成功体験になりました。

陰で密かに練習し、本番で格好いいところを見せるというのが、Kさんの人生を貫くスタイルになったのです。

その一方、本番で失敗をして恥をかくのは、できるだけ避けたいと願っていることがわかりました。Kさんには、人前では優等生として振る舞いたいという願望が強いのです。

隠れて練習し、十分に上達するまで、営業はしたくない。

そんな気持ちが、Kさんの気持ちにブレーキをかけているのでしょう。

どうやら、これが問題点のようです。

4 キーワードを図解で掘り下げる

～「逆の発想」で考えてみよう

「新規顧客を獲得するために営業すること」が必要だが、「不慣れな営業に挑戦して、人前で不器用な姿をさらすのは嫌だ」という気持ちが、障害になっているKさん。

どうすれば解決できるのか、さらに考えることにします。

もし、「人前で不器用なところを見せないままで、営業できるようになる方法」が見つかれば、Kさんの悩みは解決できます。

たとえば、セミナーや本でノウハウを学び、練習を積んでから営業に出れば、人前で恥をかかずにすむかもしれません。

ただ、この方法では厳しそうだというのが、Kさんの考えでした。

何しろ、Kさんは営業を一度も経験したことがありません。

Chapter 4

紙とペンだけあれば 図解 de 問題解決できる

セミナーや本で
営業の練習をする
失敗を恐れず
実戦で営業の
練習をする

だから、どこまで練習を積めば「恥をかかずに済むレベル」に達するのか、わからないというのです。

それに、セミナーや本で営業テクニックを学ぶのは、かなり時間がかかってしまいそう。忙しいKさんにとって、たやすいことではありません。

Kさんの考えは、袋小路に入りかかっています。

そこで私は、「セミナーや本で勉強し、営業テクニックを完璧に仕上げる方法ではなく、何か正反対の道はありませんか?」と提案してみました。

Kさんと私は、しばらく考えました。

そして浮かび上がったのが、「失敗を恐れず、実践で営業の練習をする」というキーワードでした。

考えが煮詰まりそうになったときは、**今までと全く逆のことを考える**と、大局的な発想ができるようになります。

失敗を恐れずに営業に挑戦するというアイディアが浮かんだとき、

「そうか、そういう方法もあるんですねえ！」とKさんはビックリされていました。

考えの幅が広がり、今まで盲点になっていた考えができるようになったのです。


こっそりトレーニングをして自信を持ってから、営業に挑む方法。

そして、恥ずかしがらずに実践の場で営業の経験を積む方法。

どちらがKさんにとって優れているのか、次のステップで時間と成果の視点から、優先順位を決めていきます。

5 大きな目で見て解決ポイントを見つける

～短時間で成果を期待できる解決法は？

ステップ④で、「セミナーや本で営業の練習をする」「失敗を恐れず実践で営業の練習をする」という2つの解決法が見えてきました。

ここで、**もう1つの軸を用意してみます**。

ここでは、営業を行う対象、つまり「顧客」を取り上げましょう。

こうして+図を作ると、顧客とやり方の違いによって、4つの案があることがわかります。そして、それぞれにはこのような特徴がありそうです。

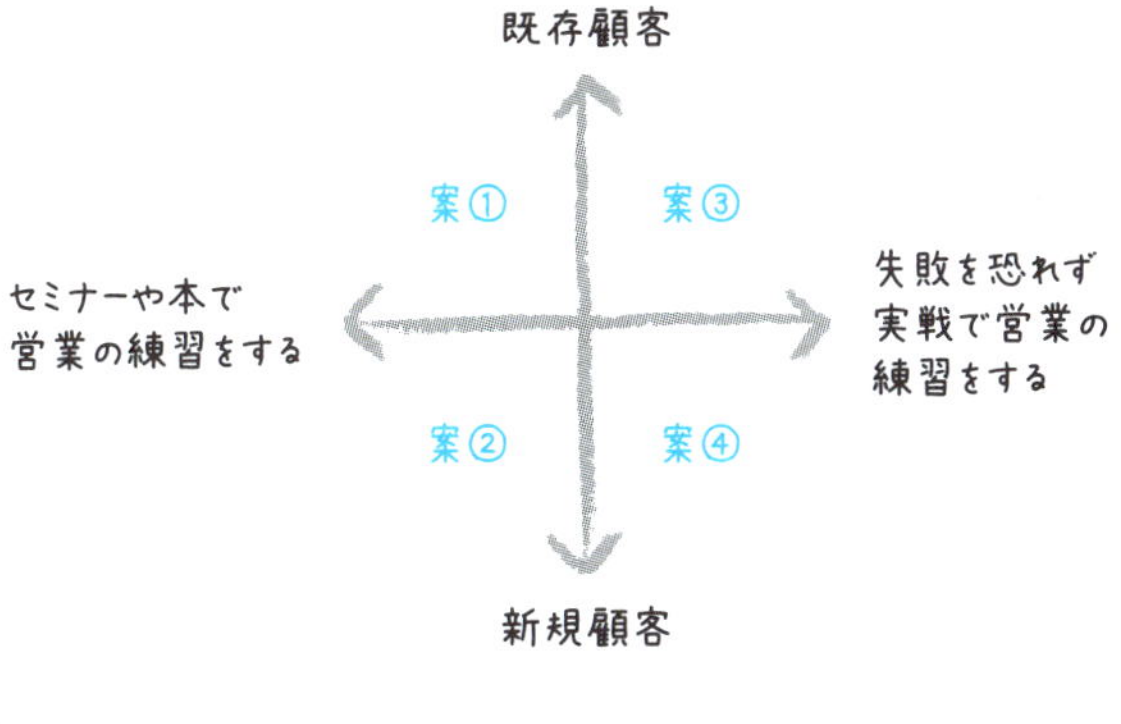

【案1】既存顧客に対し、セミナーや本で練習を積んでから営業を行う
↓練習して上達するのに、かなりの時間がかかる。実践的なトレーニングではないので、効果が上がるかどうかも未知数。

【案2】新規顧客に対し、セミナーや本で練習を積んでから営業を行う
↓練習して上達するのに、かなりの時間がかかる。実践的なトレーニングではないので、効果が上がるかどうかも未知数。

【案3】既存顧客に対し、失敗を恐れず営業の経験を積む
↓失敗を恐れる気持ちを捨て去れば、すぐに実行できる。また、既存顧客はKさんの手腕をある程度認めてくれているので、営業テクニックが未熟でも、多少は目をつぶってくれることが期待できる。

【案4】新規顧客に対し、失敗を恐れず営業の経験を積む
↓新しい顧客を開拓できれば、将来の売り上げ拡大に大きく役立つはず。ただし、最初の

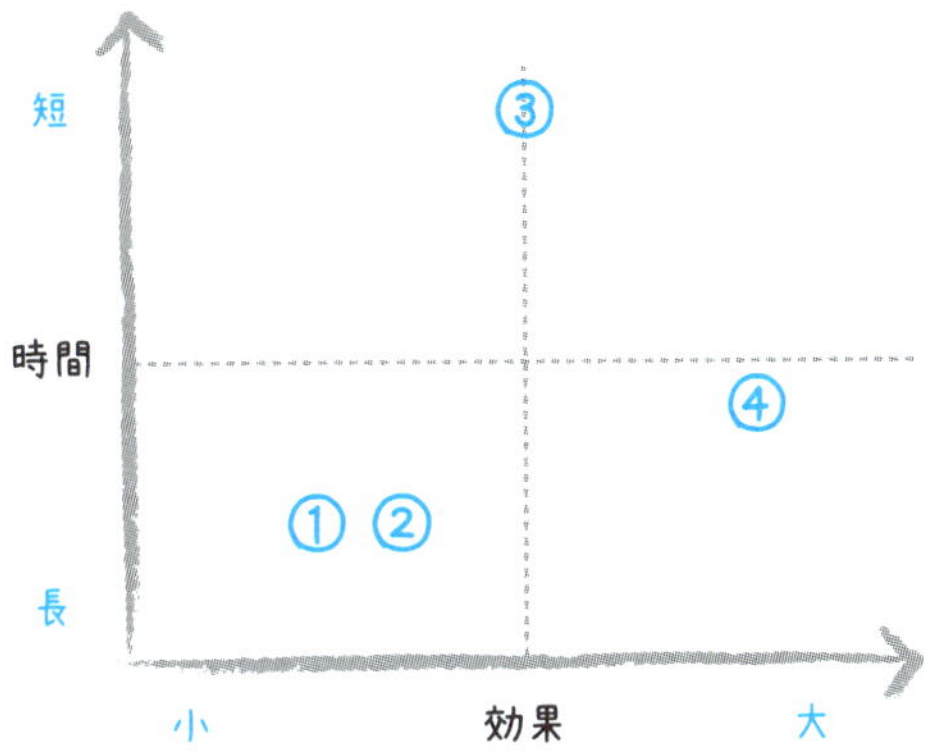

うちは営業テクニックが未熟なので、成功するまでにはある程度の期間がかかるかもしれない。

これらをまとめたのが、上の図です。

こうして見ると、短期間で成果を期待できるのは、案３ということになります。

そして、時間は多少かかるが大きな成果が得られそうなのが案４です。

一方、案１と案２は、時間がかかる上に、あまり成果は期待できないでしょう。

ですから、解決策の優先順位は、下のようになります。

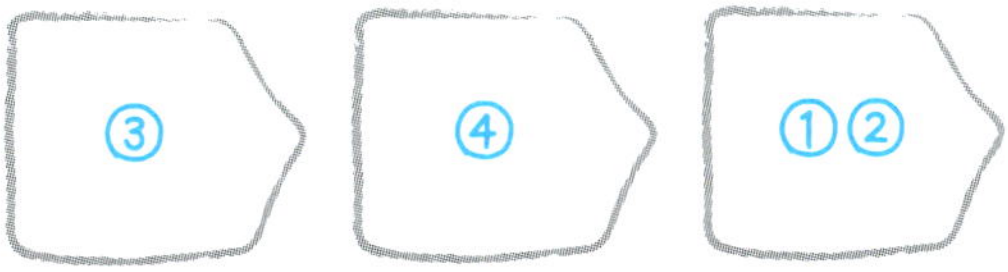

最初に取り組むのは、短期間で成果が期待できる案3です。自分の不器用さは棚に上げ、開き直って既存顧客に売り込みをするのがいいでしょう。

ただし、これだけでは売り上げの拡大という目的は達成しづらいかもしれません。そこで、ある程度営業力に自信がついたら、案4に取りかかるのです。

一方、時間がかかる割に大きな成果が望めない案1、案2は、基本的には無視して構いません。

これで、Kさんの行動方針は決まりました。

「まずは既存顧客に対し、失敗を恐れず営業の経験を積む。その後、営業に自信がついたら新規顧客への営業に挑戦する」。

あとは、これをきちんと実行することが大事になります。

6 解決の順番を考える

～「行動計画」は未来に進む力になる

恥ずかしさをぬぐい去り、営業に挑戦する。こう決心したことで、Kさんの気持ちはグッと楽になったようです。進むべき方向が定まり、頭の中が整理されたために、前向きなパワーがわき出てきたのです。

ただ、せっかく方針が決まっても、それを実現できなければ意味がありません。

そこで、これから**着手すべき事柄を「行動計画」に落とし込んで**みましょう。

Kさんによれば、営業するためには次の要素を準備する必要がありそうです。

- 顧客に提供できるノウハウの確認
- 過去の実績などをまとめた営業用資料の作成
- 新規顧客のリストアップ

・既存顧客のニーズを情報収集

これらは、同じ時期に手がける必要はありません。

たとえば、「顧客に対して提供できるノウハウの確認」は、優先的に手をつけるべきでしょう。自分がお客さまに対してどのように役立てるかわからなければ、営業用の資料も作れませんし、営業トークの練習もできないからです。

一方、新規顧客のリストアップは後回しでもいいでしょう。ステップ5でも確認した通り、新規顧客への営業は、既存顧客に営業して自信がついてから。今すぐにやる必要はありません。

すると、こんな図が描けるでしょう。

また、各項目に着手する時期を書き入れ、左ページのような具体的な計画図にすることも可能です。

このように、Kさんは計画案をまとめあげました。

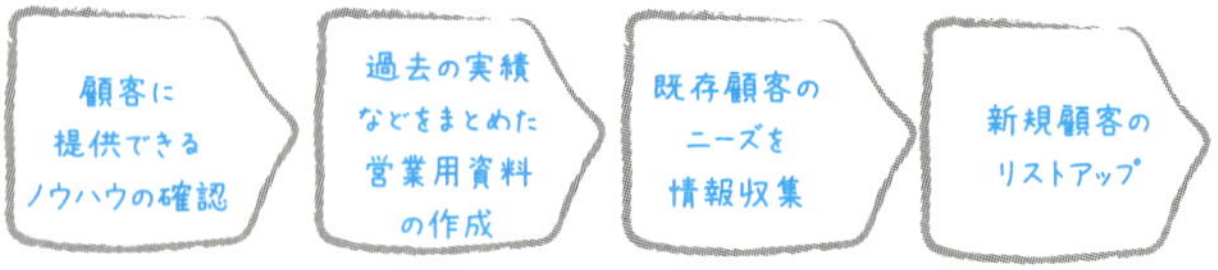

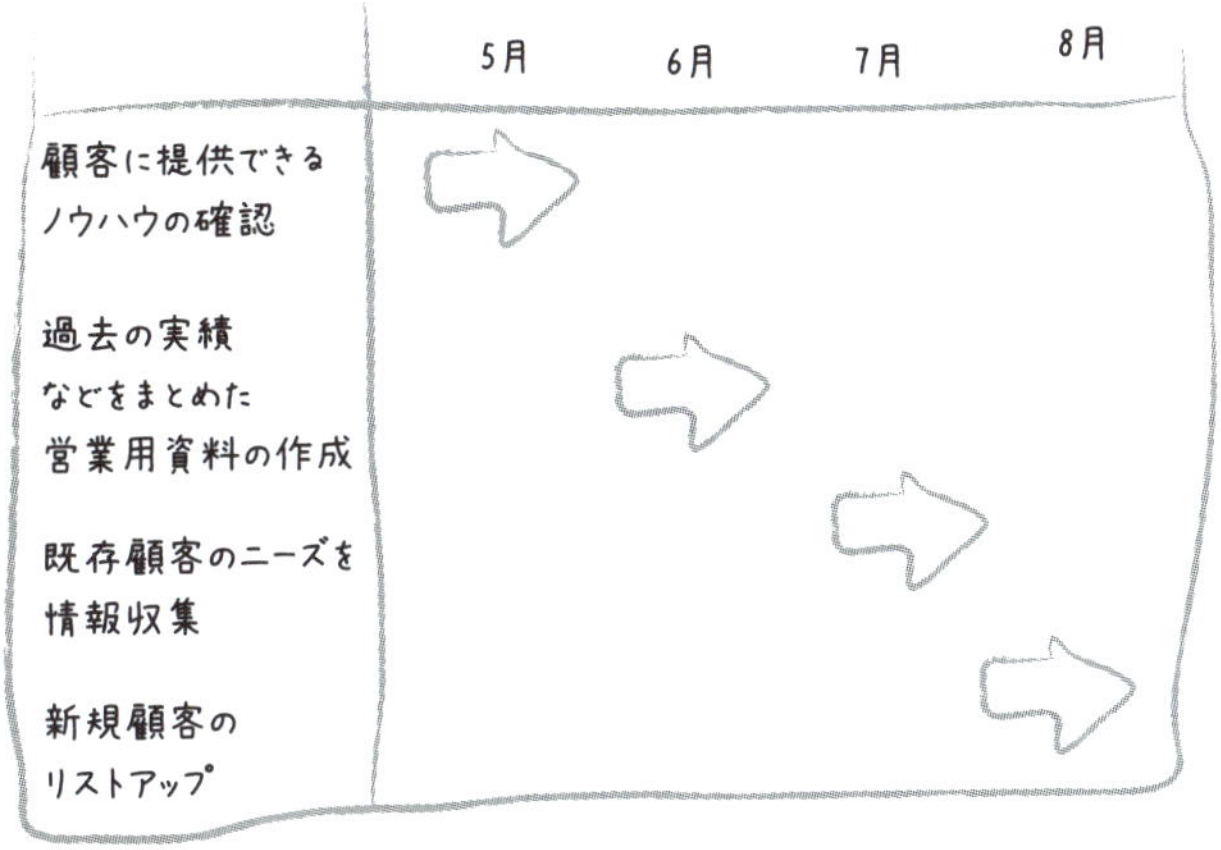

その表情は、先ほどとは見違えるほど明るくなっています。

具体的な目標がわかり、前に進むエネルギーがみなぎってきたからです。

7 関係者に伝える

～共感・協力してくれる仲間を増やそう

ここまでの6ステップで、課題はグッと整理できました。そして、解決するためにどう動けばいいのかも明確になったわけです。

しかし、ここで終わりにしてはいけません。

最後に「関係者に伝える」ことで、一連の流れは完璧になります。

Kさんは、実践の場で営業テクニックを磨く道を選びました。

ただ、やみくもに営業するだけでは、自分に欠けている営業スキルや、身につけるべきテクニックは何か、なかなか気づきにくいでしょう。

そこで、まずは、率直に意見をしてくれる上司や先輩に協力を仰ぎ、アドバイスをもらうのです。その後、親しくて気心の知れた顧客に営業してさらに場数を踏み、最後に新規顧客

案③

にアプローチするのが、最も効率のいい方法だと言えるでしょう。

周囲の人々に、自分が抱えていた問題と、これからの自分の進む道を明らかにするのは、たくさんのメリットがあります。

一番大きいのは、共感してくれる仲間が得られやすくなること。

「恥ずかしさを捨てて、一生懸命営業に取り組んでみます！」と宣言すれば、おそらく、

「それなら、僕が営業のやり方を教えてあげよう」

「私も営業で悩んでいるので、一緒に頑張りましょう」などという反応が返ってくるでしょう。すると、思わぬところから協力者が現れたり、新規顧客を紹介される可能性も高くなったりするのです。

「営業ができないんだよね」と飲み屋などで愚痴っていても、問題は解決できません。**図解できちんと問題点を整理し、解決方法を見つけて周囲に伝える。**

そうすれば、道は大きく開けるものなのです。

column

合コンマニアの先輩が「好きな女性」と巡り会えなかった理由

私の先輩に、1年間に100人もの女性と合コンをしていた方がいました。

別に遊び人というわけではありません。結婚を目指し、理想の女性と巡り会いたい一心だったのです。ところが、何度合コンに参加しても、好きになれる女性と出会えなかった彼は、僕に相談を持ちかけてきたのです。

先輩曰く、好きなタイプは性格のいい人。容姿には、ほとんどこだわりがないそうです。

また、以前にアジア人女性と結婚寸前までいったことがあるほど、外国人好きであることもわかりました。

そこで、私は左のような図を描いてみたのです。

先輩が好きなのは、「外国人で、性格のよい女性」。

ところが、合コンで出会える女性は、「性格のいい日本人、もしくは容姿のいい日本人女性」

ばかりでした。

これでは、好きなタイプの女性と出会えるチャンスは、相当低いと言えるでしょう。

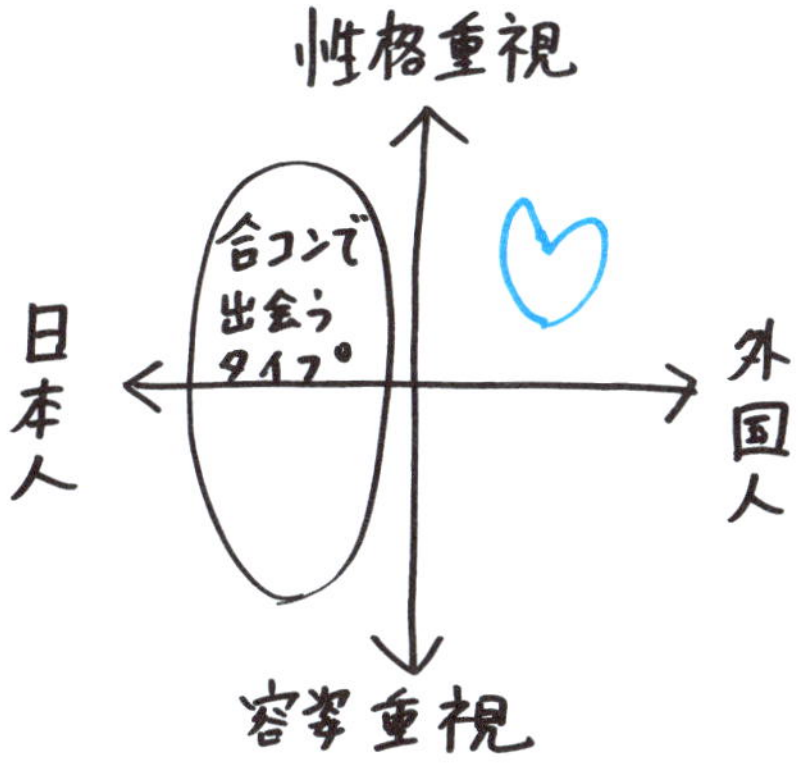

この図を見た瞬間、先輩は「なるほど！　何で今まで気づかなかったんだろう！」とビックリしていました。すぐに合コンへの参加は取りやめ、外国人と出会える場所を求めるべく方針転換したのです。すると、わずか1カ月後に「好きな人ができた！」と連絡をもらいました。

恋愛に悩んでいる方は、ぜひ図解を試してみましょう。ずっと悩んでいたことが、あっさり解決することも多いのですよ。

転職に使える図解 de 自己分析

Chapter

5

1 問題をピックアップ

〜なぜ、自分の強みが相手に伝わらないのか？

4章で、図解を使って問題を解決していく7ステップをご紹介しました。図解を使うと、転職や自己紹介の際に、あなたをより印象深くアピールすることも可能です。

また、ちょっとした自己紹介・自己PRにも役立つでしょう。思考の順序はほとんど同様です。

ここでは、私が実際に転職の際に考えた図解を例としてお話ししましょう。

週末になると図解改善士として勉強会を主催する私ですが、平日はサラリーマンとして自動車メーカーで働いています。

所属しているのは「購買部門」。与えられている役割は、「バイヤー＝物を買う人」です。

自己紹介の際に「私は会社で、バイヤーをしています」と話すと、相手からはこんな感想が返ってきます。


「世界中を飛び回ってるんですね」

「接待ばかり受けてるんじゃないの？」

「下請け企業をいじめてるでしょ（笑）」

「物の価値をよくご存じなんですね」

「理屈っぽそうだなあ」

「交渉が得意に違いないですね」

「コスト削減を目標にして働いているんですね」などなど……。


バイヤーという仕事のイメージは、人によってかなりバラツキがあることがわかります。

つまり、**職種名だけでは、仕事内容を正確に伝えることはできない**のです。

こうした仕事は、バイヤーだけにとどまらないでしょう。営業職、事務職のように、「一言で言えるけれど、仕事の中身を正確に伝えるのは意外と難しい仕事」は、他にもたくさんあると思います。

仕事の中身が伝わっていなければ、当然、その中で発揮されている「自分の強み」も伝わ

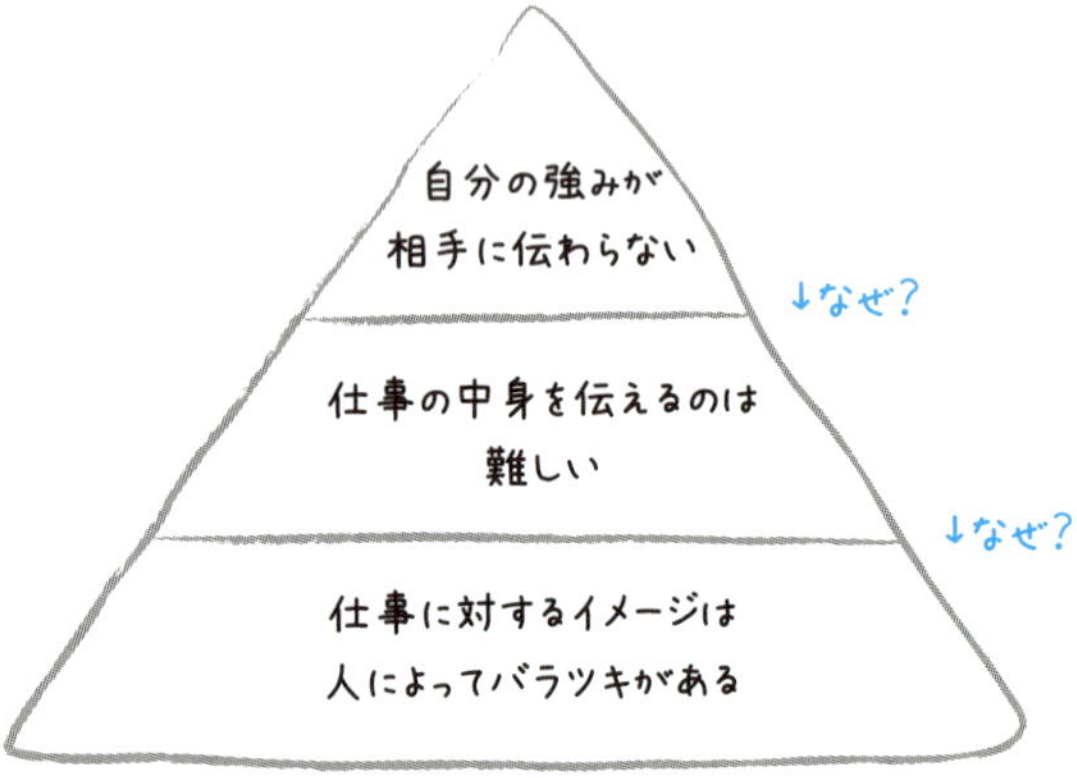
自分の強みが
相手に伝わらない
↓なぜ?
仕事の中身を伝えるのは
難しい
↓なぜ?
仕事に対するイメージは
人によってバラツキがある

りません。

たとえば、サッカーを一度も見たことのない人に、「私が得意なのはドリブルです」と言っても、なかなか理解してもらえないでしょう。一方、サッカーがどのようなスポーツで、その中でドリブルはどのように役立つのかきちんと説明できれば、自分の特徴を相手に理解してもらえるはずです。

社会人にとって、自分が担当する仕事の中身と、自分の強みをきちんと説明できることはとても大事です。

それに気づいたのは、6年ほど前。当時、私は現在とは違うメーカーで「生産管理」を担当していました。ところが、ふとしたきっかけで転職エージェントの方に声をかけられ、現在勤めている会社の採

Chapter 5 転職に使える図解de自己分析

用面接を受けることになったのです。

そして、面接の2週間前に転職エージェントの方と予行演習をしたとき、こんなことを言われたのをよく覚えています。

「生産管理という職種名を連呼しても、多部田さんの特徴は全く伝わりませんよ」

そうです。

私は生産管理という仕事がどんなものか、そして、その中でどのような工夫をして成果を生み出そうとしているか、全く説明できていなかったのです。だから、他の転職志望者との差別化もできていませんでした。

面接は、自分の特徴を企業にアピールする場。

これでは、採用はされないときつく注意されたのです。

転職にまつわる笑い話に、「あなたにできることは何ですかと質問したら、『部長ができます』と答えた」というものがあります。

でも、当時の私は、これと全く同じ失敗をしていたのです。

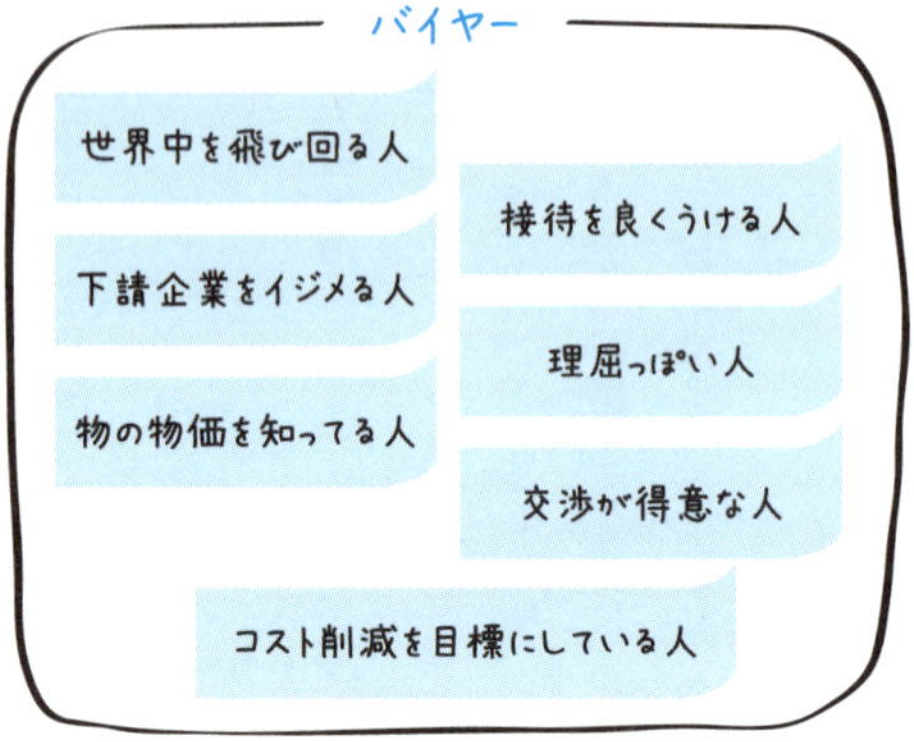

転職を考えて、自分のキャリアを棚卸しし、これまで行ってきた仕事やキャリアの軸を見つけることが、次の仕事を考えるうえでも自分をアピールすることも大切になります。

また自らの仕事内容や強みを説明しなければならない機会は、面接以外にもたくさんあります。

たとえば、営業職の方が新規顧客を訪れたときは、「他社の担当者より私のほうが頼りになる」とアピールすることが必要でしょう。あるいは、異業種交流会や合コンなどで語らなければならないことだってあるはずです。

あなたもぜひ筆記用具を持ち、自分だけの仕事アピールを作ってみてください。

2 問題を整理する

～メモをしまくって自分の強みを見つける

自己紹介・自己PRをするには、自分の特徴を見極めることが大切です。

最初に行うのは、**自分が担当している仕事の特徴や行ってきたことについて、思いつくままにメモを取る**ことです。

刑事ドラマで、刑事が「聞き込み」をしているシーンはおなじみでしょう。現場周辺で、事件に関係のありそうな証言を手当たり次第に集めるのが、捜査の第一段階です。

それと同じで、仕事に関わりのありそうなことを、片っ端からメモすることが、「仕事の特徴」を知るための第一歩です。

目標は20～30個。

このくらいの情報が集まれば、あなたのキャリアが無理なく説明できるはずです。

この段階では、似たような項目が見つかっても気にせず放っておきましょう。それより、できるだけ多くの情報を漏れなく挙げることを心がけてください。

漏れを防ぐためには、自分の仕事をできるだけ具体的にイメージすることが有効です。

たとえば、スケジュール帳などを見ながら、一週間の仕事を思い出してみましょう。

「月曜日の朝は、必ずメールチェックをするな。そのときはどんな仕事を、どのようにしているかな？　その次は、所属部門の部会に出席か。ここではどんな仕事をするかな……」などのように、職場での自分を想像しながら仕事の特徴を探るのです。

時間の流れに沿って仕事を振り返るだけでなく、「仕事をする場所」や、「仕事相手」という切り口を使うのもいいでしょう。

そうして、切り口を変えながら、繰り返し「私が担当してきた仕事の特徴は何だろう？」と自問自答します。

左に掲載したのは、当時、私が作ったリストの一部です。

「英語でメールをやり取りする」が重複していますね。また、「毎日、作業着で出勤している」は、仕事に関する特徴とは言えないかもしれません。

しかし、この段階では細かいところは気にせず、とにかくメモをしまくりましょう。

Chapter

5

転職に使える図解de自己分析

図解で業務を改善する

タイ人と仕事している

タイ語でも会話をする

英語でメールをやり取りする

タイに製造現場がある

光ファイバー通信機器を扱っている

航空運賃の価格を交渉している

数百種類の部材を扱っている

在庫管理システム入力は派遣さんより速くできる

毎日、作業着で出勤している

2級ファイナンシャルプランニング技能士

朝8時～深夜4時まで働くこともある

労働組合の代議員もやっている

税関の所要時間を把握している

タイー日本間のフライトスケジュールを熟知している

英語でメールをやり取りする

簿記2級の知識を生かし製品の原価計算をしている

部門の収益を管理している

毎日クルマで通勤している

エクセル関数で生産計画を作る

アクセスを使って在庫管理をする

メモを書く作業は、1日で終えてはいけません。

ぜひ、次の日も継続してください。


1日おいてから作業を再開すると、意外なメリットが得られます。

まず、1日眠ることで、発想を切り替えることができるのです。すると、前日には思いもよらなかったアイディアが浮かぶことがあります。

また、冷静な目で前日に書いたメモを見られることも利点。カレーと同じで、アイディアも一晩寝かしておくと味わいが増すのです。


ただし、ずっと1人で考え続けていると、いずれ行き詰まりを感じると思います。

そこでお勧めしたいのが、友人などに、自分の仕事ぶりについて聞いてみること。こうすることで、自分とは異なる視点からの意見が得られます。

私の場合は、私の仕事ぶりをよく知っている大学時代からの先輩に、こんな指摘をもらいました。

「いつも笑顔で仕事している」
「挨拶を絶やさない」
「失礼な表現のメールを送ることがある」
「メールを使いすぎる」
「エクセル作業が上手」
「人と違うことを考える」
「迷わず行動する」
「楽観的でチームを盛り上げてくれる」

「失礼な表現のメールを送ることがある」などの意見は、人から指摘されなければ絶対にわからないことです。こうしたことに気づけるのが、人に助言を求める最大のメリットだと言えるでしょう。

また、ここで上がった意見は「仕事の特徴」というより「私の仕事に対する態度」が多かったのですが、この段階では構わずメモに加えてしまいます。

図解で業務を改善する

タイ人と仕事している

タイ語でも会話をする

英語でメールをやり取りする

タイに製造現場がある

光ファイバー通信機器を
扱っている

航空運賃の価格を
交渉している

数百種類の部材を扱っている

在庫管理システム入力は
派遣さんより速くできる

毎日、作業着で出勤している

2級ファイナンシャル
プランニング技能士

朝8時〜深夜4時まで
働くこともある

労働組合の代議員
もやっている

税関の所要時間を把握している

タイー日本間のフライト
スケジュールを熟知している

英語でメールをやり取りする

簿記2級の知識を生かし
製品の原価計算をしている

部門の収益を管理している

毎日クルマで通勤している

エクセル関数で生産計画を作る

アクセスを使って在庫管理をする

先輩の意見

いつも笑顔で仕事している

挨拶を絶やさない

失礼な表現のメールを
送ることがある

メールを使いすぎる

エクセル作業が上手

人と違うことを考える

迷わず行動する

楽観的で
チームを盛り上げてくれる

3 キーワードを見つける

～同じ目的を持つメモをまとめていく

メモが集まったら、「なぜ？」、「どうして？」と自問自答を繰り返し、**似通った目的を持つメモ同士をグループにまとめていきます。**

そして、それを象徴するキーワード（＝目的）を、グループにつけました。

当時の私は、仕事の特徴を次の5グループにまとめ、キーワードをつけました。

職場の雰囲気を盛り上げる

いつも笑顔で仕事している

挨拶を絶やさない

楽観的で
チームを盛り上げてくれる

タイ人と図解で業務を改善する

タイ人と仕事している

タイ語でも会話をする

英語でメールをやり取りする

図解で業務を改善する

利益とコストを知る

簿記2級の知識を生かし
製品の原価計算している

部門の収益を管理している

2級ファイナンシャル
プランニング技能士

仕事を速くこなす

エクセル関数で生産計画を作る

アクセスを使って在庫管理をする

在庫管理システム入力は
派遣さんより速くできる

迷わず行動する

エクセル作業が上手

速く安く
輸出入を処理する

タイー日本間のフライト
スケジュールを熟知している

航空運賃の価格を
交渉している

税関の所要時間を
把握している

また、どのグループにもまとめられないメモは、いったん放っておきましょう。

後で適切なグループが見つかったり、他のメモとまとめられそうだと思ったら、そのときに分類すればいいのです。

メモをグループ分けし、キーワードを考えると、頭の中が整理されてきます。

すると、そのキーワードに合った「仕事の特徴」が、さらにひらめくこともあるはずです。

そんなときは、どしどしつけ足してください。

そして、最終的に浮かび上がったのは、こんなキーワードでした。

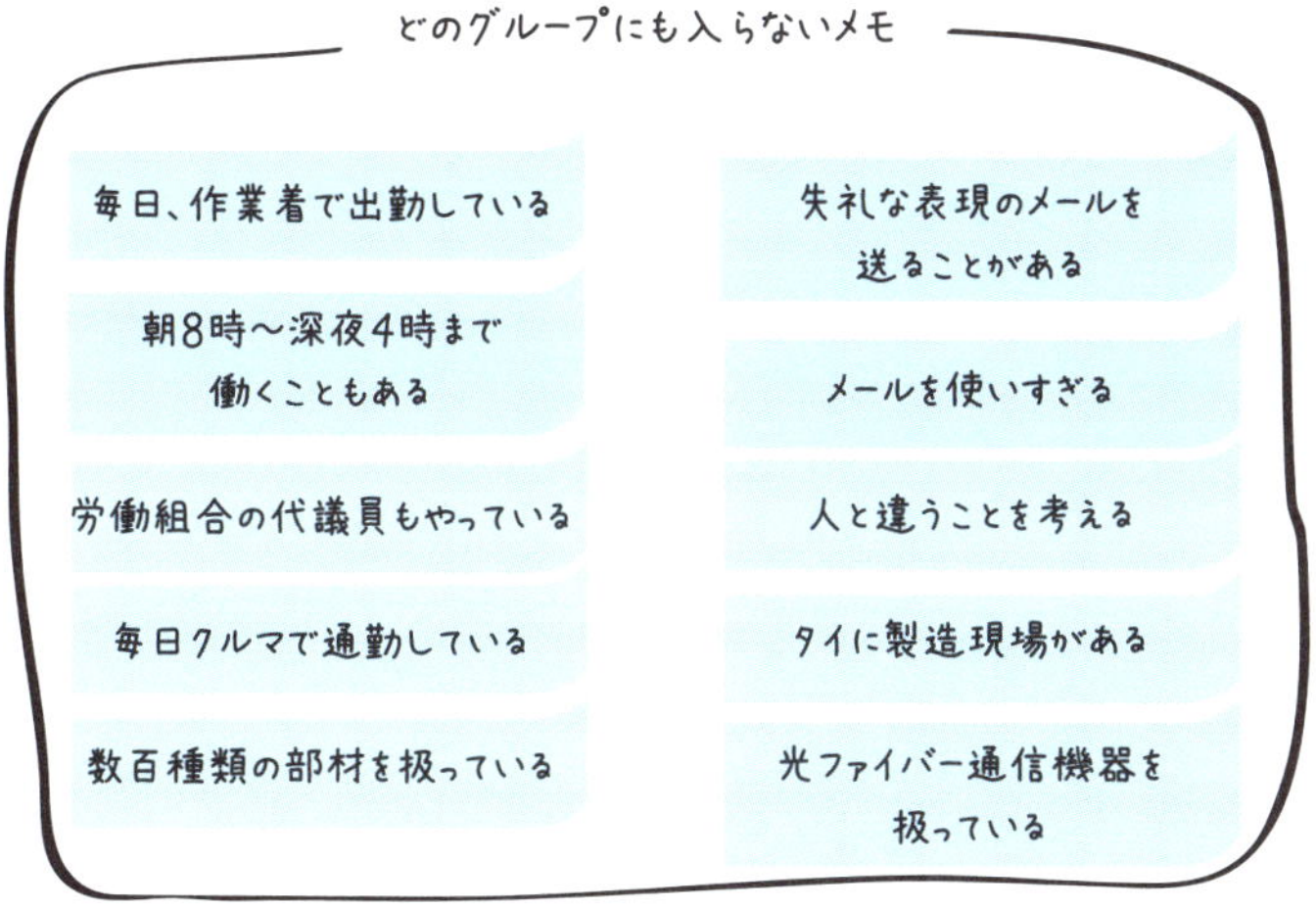
どのグループにも入らないメモ
毎日、作業着で出勤している
朝8時～深夜4時まで働くこともある
労働組合の代議員もやっている
毎日クルマで通勤している
数百種類の部材を扱っている
失礼な表現のメールを送ることがある
メールを使いすぎる
人と違うことを考える
タイに製造現場がある
光ファイバー通信機器を扱っている

<職場の雰囲気を盛り上げる>

<タイ人と図解で業務を改善する>

<仕事を速くこなす>

<速く安く輸出入を処理する>

<利益とコストを知る>

このうち、〈タイ人と図解で業務を改善する〉は、「仕事内容＝アウトプット」というキーワードで、言い換えられると思います。

一方、〈仕事を速くこなす〉〈速く安く輸出入を処理する〉〈利益とコストを知る〉の3つは、「自分にできること＝スキル」というキーワードでまとめられるでしょう。

そして〈職場の雰囲気を盛り上げる〉は、「仕事で成し遂げたいこと＝志」と言い換えることができると思います。

Chapter 5

転職に使える図解de自己分析

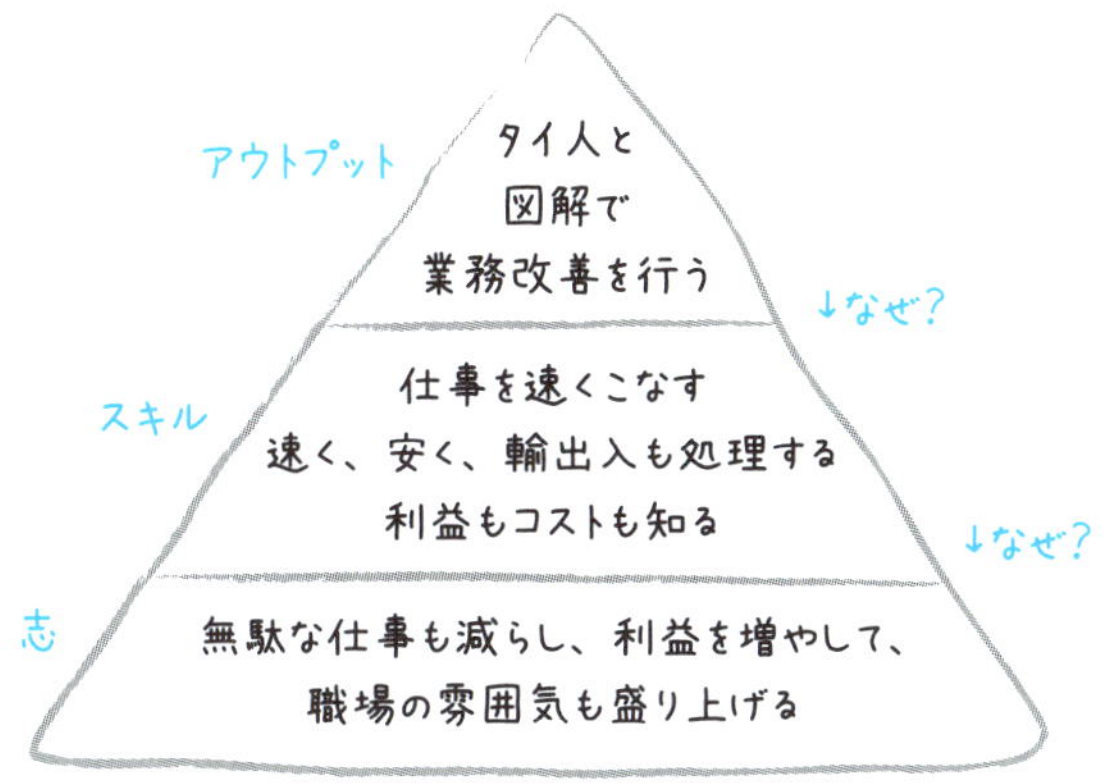
アウトプット
タイ人と
図解で
業務改善を行う
↓なぜ？
スキル
仕事を速くこなす
速く、安く、輸出入も処理する
利益もコストも知る
↓なぜ？
志
無駄な仕事も減らし、利益を増やして、
職場の雰囲気も盛り上げる

この△図は、自己分析をするうえで基本中の基本。

一番下には、何のために働くのか、仕事によって何を成し遂げたいかという「志」が入ります。そして、それを実現するために必要なスキルが中段に入り、一番上には、仕事内容が入るのです。

実は、99ページで紹介した高倉さんの名刺でも、この△図を使って自己紹介をしています。

「志」を一番下に置いているのは、理由があります。ビジネスパーソンの多くは、自分の仕事内容やスキルばかりに目を奪われています。しかし、仕事を通じて何を成し遂げたいのかはっきりしなければ、仕事へのモチベーションも湧きませんし、進むべき方向性もぶれてしまうと思うのです。

「志」は、自己紹介の根っこ。これは、ぜひ覚えておいてください。

4 キーワードを掘り下げる

～自分だけの「思い」を深めよう

皆さんは、「3人のレンガ積み」という話を聞いたことがありますか?

これは、私が学生時代にベネッセコーポレーションでインターンシップをしていた頃の上司で、現在はキャリア・ポートレート コンサルティング代表の村山昇先生から教えていただいたものです。仕事に対する「思い」の差が、自己紹介の説得力を大きく左右するとわかる、素晴らしいエピソードだと思います。

――◇――◇――◇――◇――◇――◇――

中世ヨーロッパの町。建築現場に3人の男が働いていた。

「何をしているのか?」ときかれ、それぞれの男はこう答えた。

「レンガを積んでいる」最初の男は言った。

2番目の男が答えて言うに、「カネ（金）を稼いでいるのさ」

そして、3番目の男は明るく顔を上げてこう言った。

「町の大聖堂を造っているんだ！」

――◇――◇――◇――◇――◇――◇――

最初の男は、自分が担当している作業を表面的に伝えているだけ。

こうした自己紹介をすると、誰も興味を示してくれないでしょう。私が以前やっていた、「生産管理をしています」式の話し方は、実にこのパターンだったと言えます。

2番目の男の話は、最初の男に比べると「カネを稼ぐ」という目的が見えています。

でも、これも不十分。ありふれていて、この人ならではの特徴が見えてきませんし、具体性も足りません。たとえば、「生産管理の仕事を通じて、コスト削減に取り組んでいます」のような自己紹介は、このパターンに当てはまるでしょう。

2人に比べて、3番目の男のコメントは光り輝いています。

その理由は2つあります。

1つ目は、「大聖堂」という固有名詞が入ったことで、話に具体性が加わり、イメージしやすくなったこと。そして2つ目が、「大聖堂という偉大な建物造りに携われている」という喜びが、自分の言葉で表現されているからです。

自己紹介とは、自分の特徴、つまり他の人とは違っている点を伝えることです。

だから、「他人でもできること」より**「自分にしかできないこと」を強調するほうが、ずっと効果的**なのです。

ですから、「アウトプット」「スキル」「志」のそれぞれで自分だけの特徴はないか、ぜひ考えを深掘りしてください。

さて、6年前の私は、こんな風に整理できそうです。

アウトプット：図解を使ってタイ人と業務改善
スキル：仕事が速い。輸出入の手続きを処理できる。利益とコストを知っている
志：職場の雰囲気を盛り上げながら、楽しく働きたい

こうして結論が出たら、それが本当に正しいのか検証することも大切です。

図解に書き入れた志は、本当に納得できるものか？
↑その志を達成するには、現在持っているスキルで十分か？
身につけるべきスキルはあるのか？
↑そのスキルと、転職を目指す仕事、あるいは現在の仕事とはリンクしているか？
と考えを進めると、各項目間に矛盾がないかチェックしやすいでしょう。

こうして振り返りを行い、導き出した「キャリアの軸」が正しいと確認できたら、いよいよ最終段階に進みましょう。

5

大きな視点で解決方法を見つける

~個性的・具体的な自己紹介を!

皆さんは、いろいろな人の自己紹介を聞いたことがあると思います。中には面白いものもあったでしょうし、退屈で仕方のないものもあったでしょう。

印象に残らない自己紹介には、大きく分けて2パターンあると思います。

1つ目は、前項で解説したような、話し手の個性が見えてこない自己紹介。

そして2つ目は、あまりに抽象的な自己紹介。漠然としてとりつく島がなく、聞き手の関心をひくことが

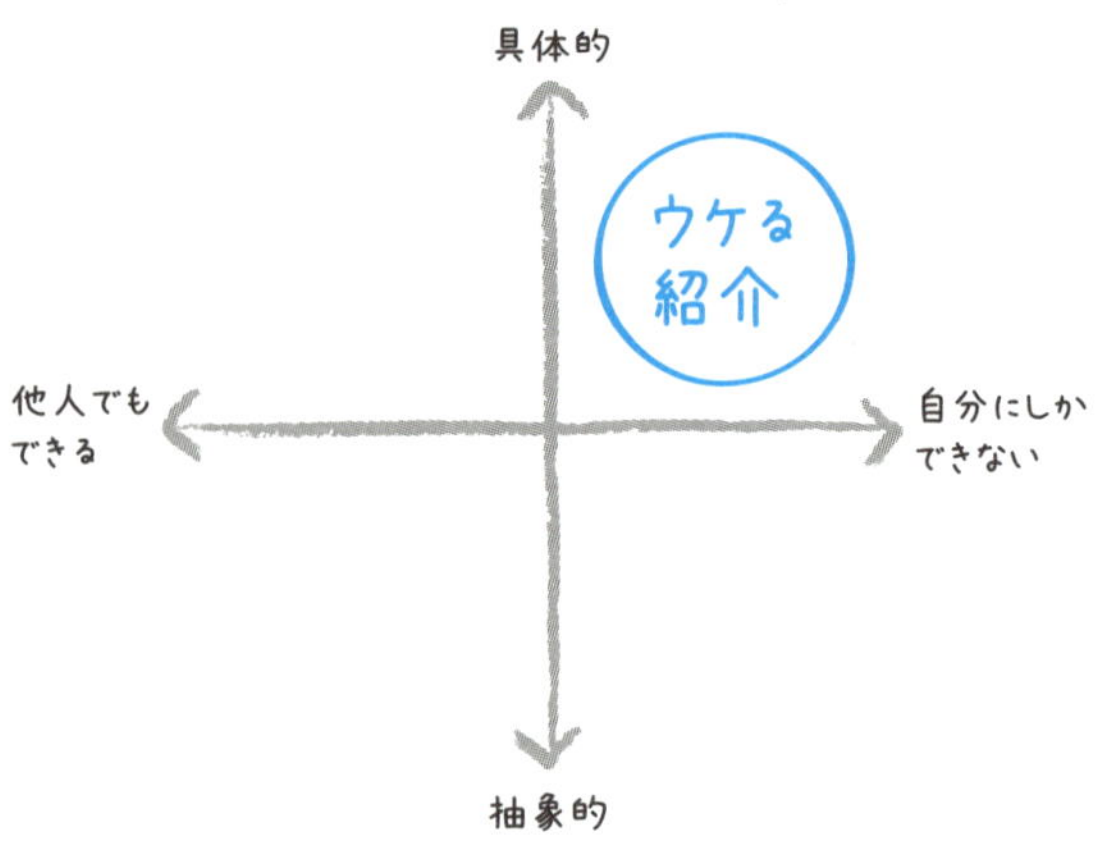

できません。

たとえば読書が趣味なら、「司馬遼太郎の作品なら全部読んでます」「先日、村上春樹の新刊を読みましたよ」などと具体的な言葉を入れるほうがベターでしょう。

どんな自己紹介をすれば聞き手の印象に残るのか、この2つの軸を使って図解してみると、右ページのようになります。

では、自分にしかできない具体的な自己紹介を行うためには、何が早道なのでしょうか。

それはやはり、**自分自身の「思い」を盛り込むこと**です。

そこで私は、なぜ仕事に情熱を燃やしているのかについて、自己紹介に盛り込んでみました。

タイ工場で言葉の通じない
外国人と仕事をしたときに、
図解を使ったら
コミュニケーションが
劇的にスムーズになった

職場の雰囲気を盛り上げて
皆が楽しく働けることが、
僕の喜び

便利な図解改善術を使って、
日本や日本人を
できるだけ幸せにしたい

ビジネスは利益追求の場。
きちんと利益を増やすことも
大切

こうした思いを盛り込むと、自己紹介は血の通ったものに変わります。

そして、より多くの人を引きつけることができるようになるのです。

6 解決の順番を考える

～相手に合わせて伝える順序を変更

ここまでの流れで、私の仕事は3つのポイントに絞られてきました。

①志：職場の雰囲気を盛り上げながら、楽しく働きたい
②スキル：仕事が速い。輸出入の手続きを処理できる。利益とコストを知っている
③アウトプット：図解を使ってタイ人と業務改善する

では、これをどのような順序で伝えればいいでしょうか？

一番最初に伝えるべきは、③のアウトプットです。

自己紹介をする場合、相手とは初対面のことがほとんど。ですから、まずは肩書き・仕事

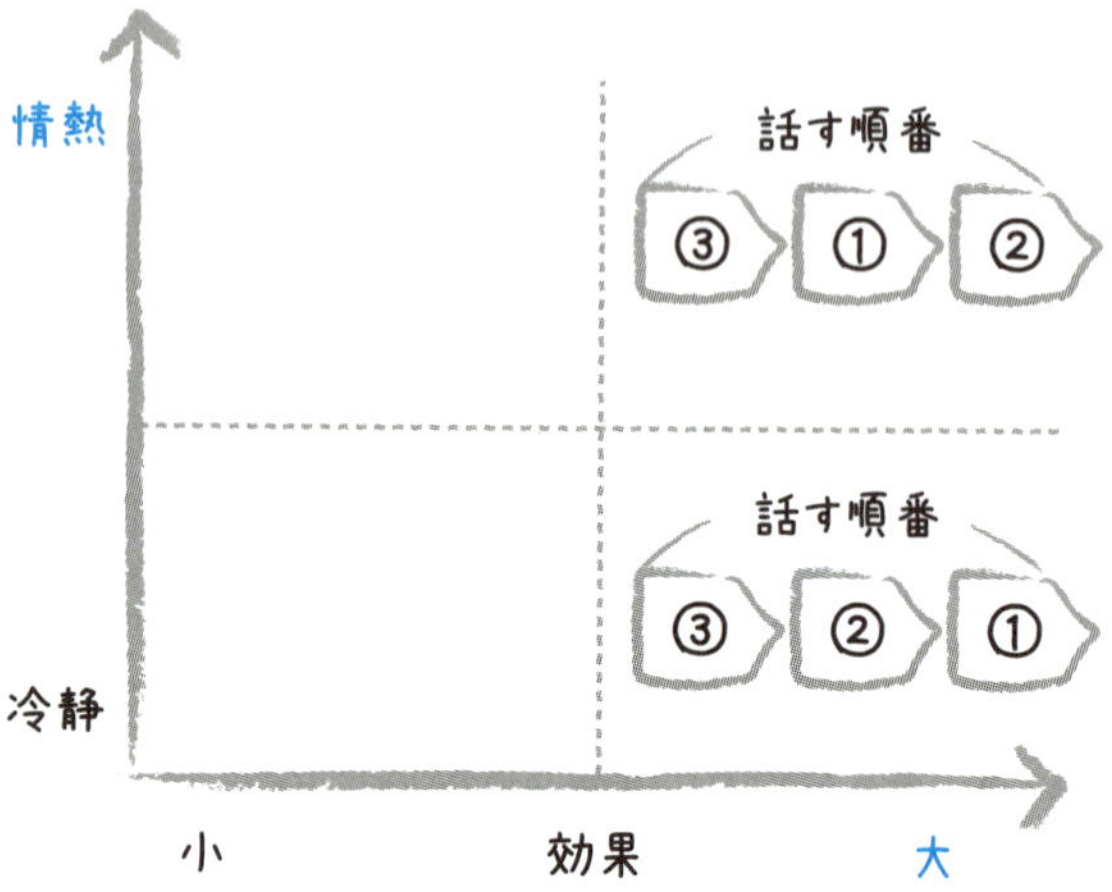

内容を伝え、自分がどのような立場であるか、わかってもらうことが大事になります。

問題はその次です。

先に「志」を伝えるか、それとも「スキル」なのかは、悩みどころでしょう。

一般的には、自己紹介する相手が「情熱家タイプ」なら、「志」から伝えるほうが効果的です。

夢や目標を話すことで、相手との共感が得られやすいのです。

一方、相手が冷静な「実務家タイプ」の場合は、「スキル」から伝えるほうがベターです。

あるいは、自分と相手が似通ったスキルを持っている場合も、「スキル」優先で臨むといいかもしれません。

7 相手に伝える

～自己満足で終わってはダメ

自己紹介の内容を固め、相手に伝える順序を決めたら、あとは話すだけです。

ここで大事なのが、**できるだけ多くの場数を踏む**こと。

特に、転職や昇進のために面接を受ける際には、先輩や上司などと模擬面接を行い、意見をもらうことをお勧めします。

自分では完璧に話せるつもりでいても、他人から見ると不十分ということはよくあります。客観的な意見をもらい、それを元に自己紹介を修正するほうが、よりいい印象を与えられるのです。

また、面接などでは、時に想定外の質問が飛んでくることもあります。何度もトレーニングを重ねることで、そうした場合の対応力も磨けるでしょう。

私も、トレーニング不足で失敗した経験があります。

就職活動の面接を初めてを受けたとき、練習なしに挑んでしまったのです。

面接官からの質問にとんちんかんな答えを返してしまったとき、私は「ああ、先輩を相手に練習させてもらえばよかった！」と、激しく後悔したものでした。もちろん、その面接は通過しませんでした。

話すだけでなく、文章化することも有効です。

たとえば、自己紹介を短くまとめてFacebookなどに投稿し、友人から意見をもらってはどうでしょう。

「わかりづらい」「具体性がなさすぎる」などのアドバイスをもらって、さらにブラッシュアップするのです。

自己紹介は、自己満足で終わってはダメ。

できるだけ多くの人から意見をもらい、常によりよいものに改善する姿勢を忘れないようにしましょう。

文章化する
Facebookなどに投稿し反応を確認することもできる

模擬面接
相手から意見をもらいブラッシュアップする

本番までトレーニングを繰り返す

ただし、6までのステップを踏まずに、他人から意見をもらわないようにしてください。

人それぞれ、違った意見が出てくることも、しばしばあります。

その際、図解を使って自分の軸や志が明確になっていないと、自分の考えがブレてしまい、他人から意見をもらうほど、頭がモヤモヤして、しまいには自信をなくしてしまうこともあるからです。

column

自分年表を作る

自己紹介を作るときに、参考資料として大いに役立つのが、「自分年表」です。

これは文字通り、これまで生きてきた中で印象的なこと、ターニングポイントとなったでき事を、年表形式で記録したものです。

作り方は簡単です。

子どもの頃からの印象的なでき事を、1年に1個くらいのペースで挙げていきます。

「小さい頃のことなんて、全く覚えていないよ」という人は、Wikipediaなどで「○○年の主なでき事」などのページを参照すると、記憶をたどりやすくなるかもしれません。

こうして「人生のターニングポイント」を年表にしてみると、これまで歩いてきた人生がおぼろげに浮かび上がってくるものです。そして、自分の「核」となっているものが、いつ、どのように形作られたのかがわかってきます。

自らの「思い」を明らかにする自分年表。あなたも、一度作ってみてはいかがでしょうか。

西暦	年齢	主な出来事	ターニングポイント
1979	0		長男として生まれる
⋮			
1988	9	東京ドーム完成	どもり症となる
⋮			
1998	19	長野オリンピック	早稲田大学合格 中国語学習会入会
⋮			
2000	21	2000円札発行	中国を1人旅している際、「改善」という単語に出会う
⋮			
2003	24	六本木ヒルズオープン	タイで、「図解改善術」をみいだす

商談に使える図解 de コミュニケーション

Chapter

6

1

問題をピックアップ

～図を使って相手の心理状況を分析

図解を使うことで、よりコミュニケーションを円滑にすることが可能になります。

この章では、私が実際に体験したビジネスを例にとって、図解を使ったビジネス交渉術を紹介しましょう。

私は、世界各国の企業から物を買う「バイヤー」です。

過去に、海外の企業から、ある原材料を7％値上げしたいと要請を受けました。

コストを1％下げるのも大変な苦労をするご時世に、7％も値上げされるのは大ピンチでした。

私は、「最初に決めた価格は何だったのか」と、相手企業の担当者に詰め寄りました。

ところが先方は、「製造コストが予想以上にかさんでいるため、以前の価格では売れません」

とつれない返事。議論は平行線のままで、解決策が全く見いだせない状況に陥ってしまいました。

その企業が扱う原材料は、品質が高いのが特徴。また、財務力も健全で、当社としてはつき合いを継続してビジネスを拡大したい相手でした。

ただし、このまま相手の言い分をそのまま受け入れてしまえば、予算オーバーは確実です。

私は、どうにかして、相手とWin-Winの関係を築く必要に迫られたのです。

最初に取り組んだのは、**現在の状況を客観的に理解する**ことでした。

問題点を明確にしなければ、解決法など浮かんできませんから。

そこで、こんな図を描いたのです。

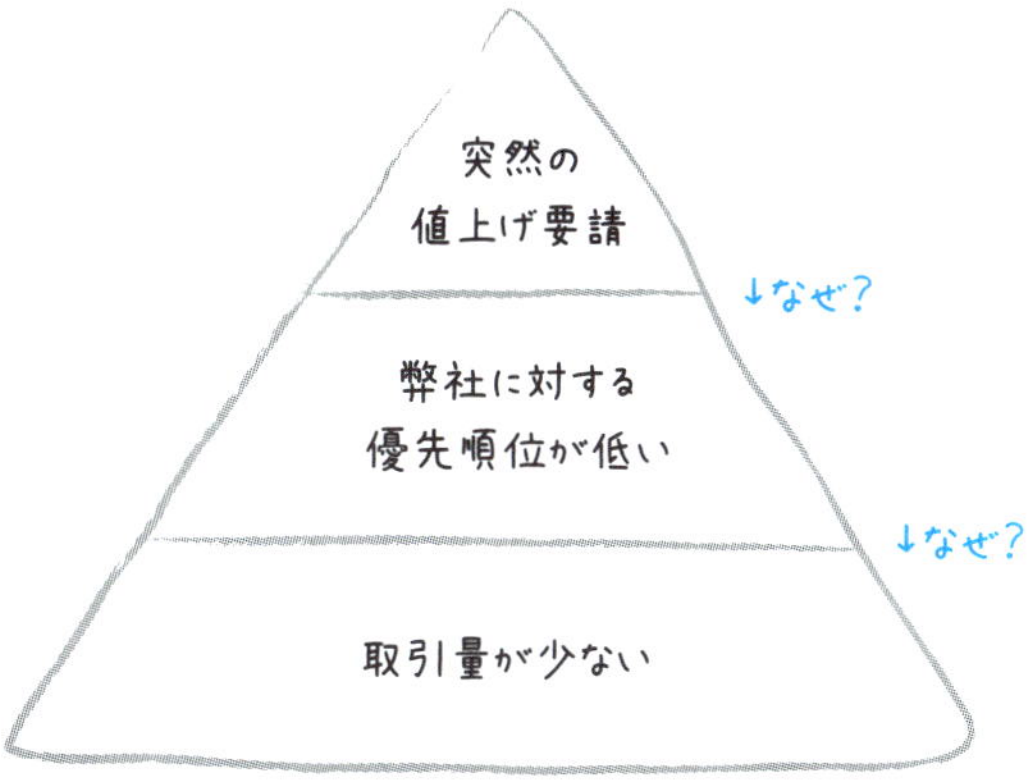
突然の
値上げ要請
↓なぜ？
弊社に対する
優先順位が低い
↓なぜ？
取引量が少ない

相手が大幅な値上げを申し出たのはなぜかと、私は考えました。

もちろん、製造コストの高騰が背景にあるのは間違いありません。ただ、それだけなら、これほど強い態度には出ないはずです。

おそらく、相手にとって当社の優先順位は低いのです。

最悪の場合、当社との契約が打ち切りになってもいいと考えているから、強硬な態度を崩さないのでしょう。では、なぜ当社の優先順位が低いのでしょう。

それは、**相手と当社の取引量が少ないからだ**と、私は考えました。

どうやら、これが問題点のようです。

2 問題を整理する

～要因を考え、メモしまくる

では、なぜ相手との取引量が少ないのでしょうか。

そこには、取引の拡大にブレーキをかける要因がいくつかありました。

そこで私は、重複を気にせず、思いつくまま書き出すことにしました。

いつもどおり付箋に書き出して、大きなボードに貼ってみます。

そして、グループごとにまとめながら、書き漏らしに気づいた要因を書き足していったのです。

原材料の6割は品質確認が
終わっていないため、購入できない

購入できる品種が限られている

当社は日系メーカーとの取引が多く
相手企業とのやりとりに慣れていない

相手を信頼出来ない

月に1〜2回は納期遅れする

納入までの納期が長い

相手が設定している最低取引量が
多く、小回りがきかない

製造できる原材料の種類が少ない

商流が複雑で、情報が滞る

間違った材料を納入したことがある

先方の営業部内で意見が食い違う

営業担当者と連絡が
取れないことがある

約束の納期を守らない

本国のメンバーが日本へ会いに来ない

その原材料を使う車体の生産数が
現時点では少ない

サンプル品を用意してくれない

数量増への営業提案がない

面談に遅刻する

他社を優先して打ち合わせを断る

両社役員同士の関係がない

購買部長との面談をドタキャンする

日本に技術窓口がいない

英語が通じない

日本の駐在員を通さないと
現地技術者と会話できない

日本の駐在員が足りない

社内の仕事を優先する

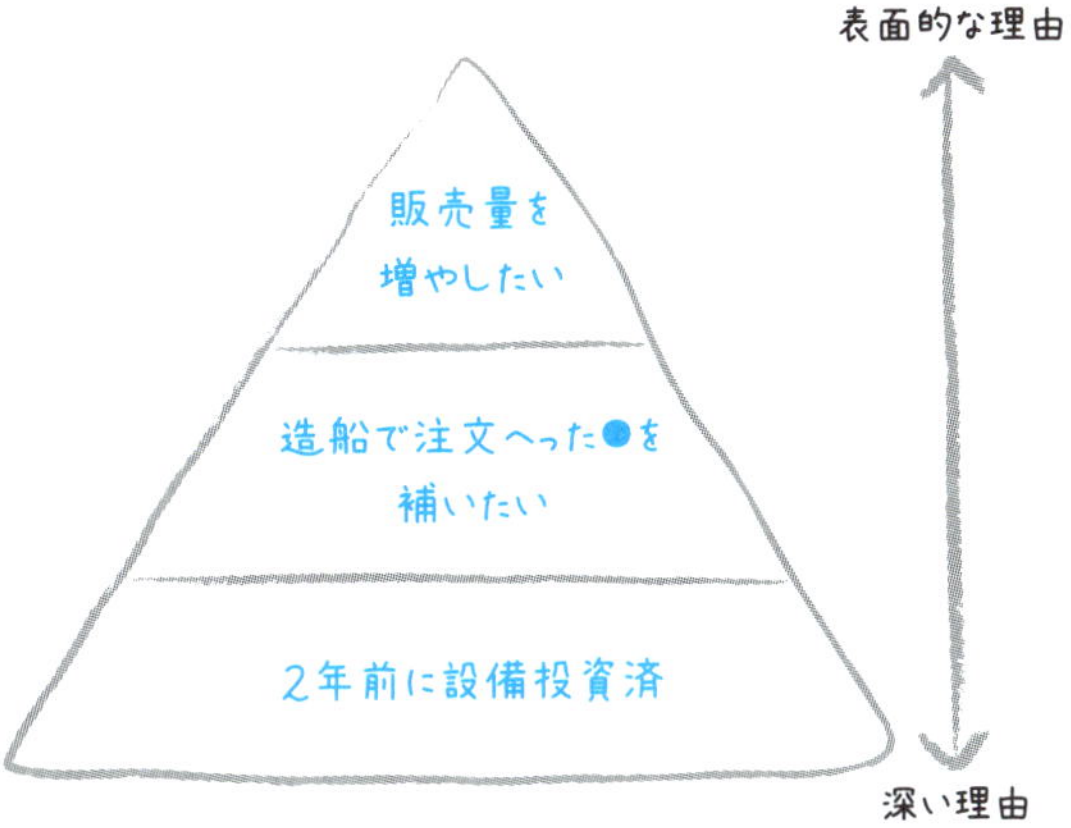
表面的な理由
販売量を増やしたい
造船で注文へった●を補いたい
2年前に設備投資済
深い理由

また、**相手の心理状態も、図解によって分析**してみました。

相手も、どうせなら販売量を増やしたいと考えているはずです。

なぜなら、相手は不況によって造船業界向け原材料の輸出が大幅に落ち込んでいましたから。

そして、その背景には2年前の設備投資がありました。

「設備投資をしたのに、造船業界向けの販売量は落ち込んでいる。だから、当社を含めた自動車分野で取り返したいと思っているはずだ」という仮説を立てたのです。

こうした背景があるため、突破口さえ見つければ交渉が進む可能性はある。私は、そう確信しました。

3 キーワードを見つける

～グループ化して取引量が増えない要因を明確に

前項で見つけた「取引量が増えない要因」を、「なぜ?」「どうして?」と繰り返し、さらにグループにまとめてキーワードを見つけることにしました。

すると、左のような図が描けました。

ここから導かれたのは、

〈両者の信頼関係ができあがっていない〉と、

〈相手がこちらとのコミュニケーションを軽視している〉

という2つのキーワードです。

これを、さらに「なぜ?」と自問自答しながら、△図で深掘りしてみました。

Chapter

6

商談に使える 図解deコミュニケーション

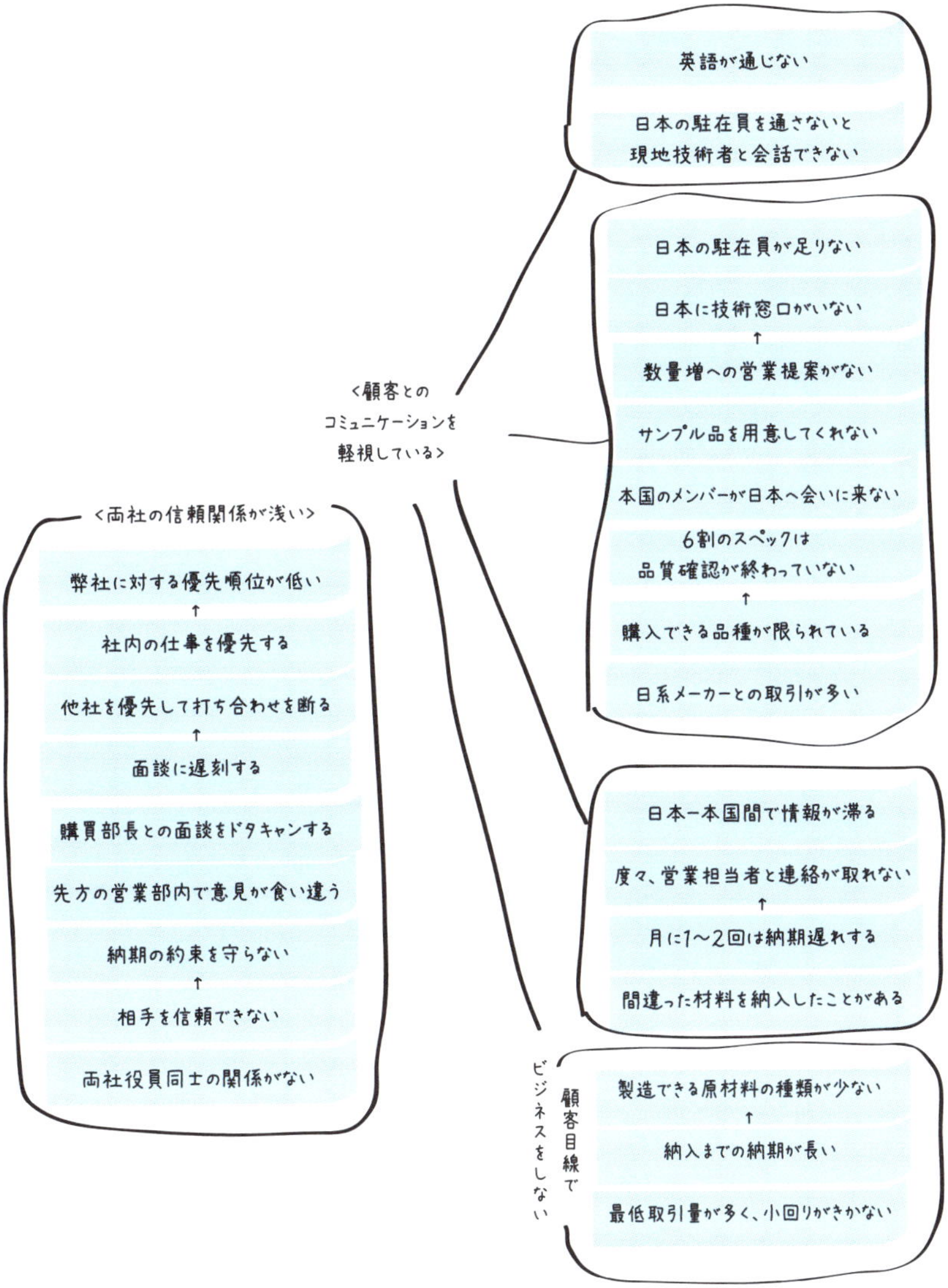

英語が通じない
日本の駐在員を通さないと
現地技術者と会話できない
日本の駐在員が足りない
日本に技術窓口がいない
↑
数量増への営業提案がない
サンプル品を用意してくれない
本国のメンバーが日本へ会いに来ない
6割のスペックは
品質確認が終わっていない
↑
購入できる品種が限られている
日系メーカーとの取引が多い
<顧客との
コミュニケーションを
軽視している>
<両社の信頼関係が浅い>
弊社に対する優先順位が低い
↑
社内の仕事を優先する
他社を優先して打ち合わせを断る
↑
面談に遅刻する
購買部長との面談をドタキャンする
先方の営業部内で意見が食い違う
納期の約束を守らない
↑
相手を信頼できない
両社役員同士の関係がない
日本―本国間で情報が滞る
度々、営業担当者と連絡が取れない
↑
月に1〜2回は納期遅れする
間違った材料を納入したことがある
顧客目線で
ビジネスをしない
製造できる原材料の種類が少ない
↑
納入までの納期が長い
最低取引量が多く、小回りがきかない

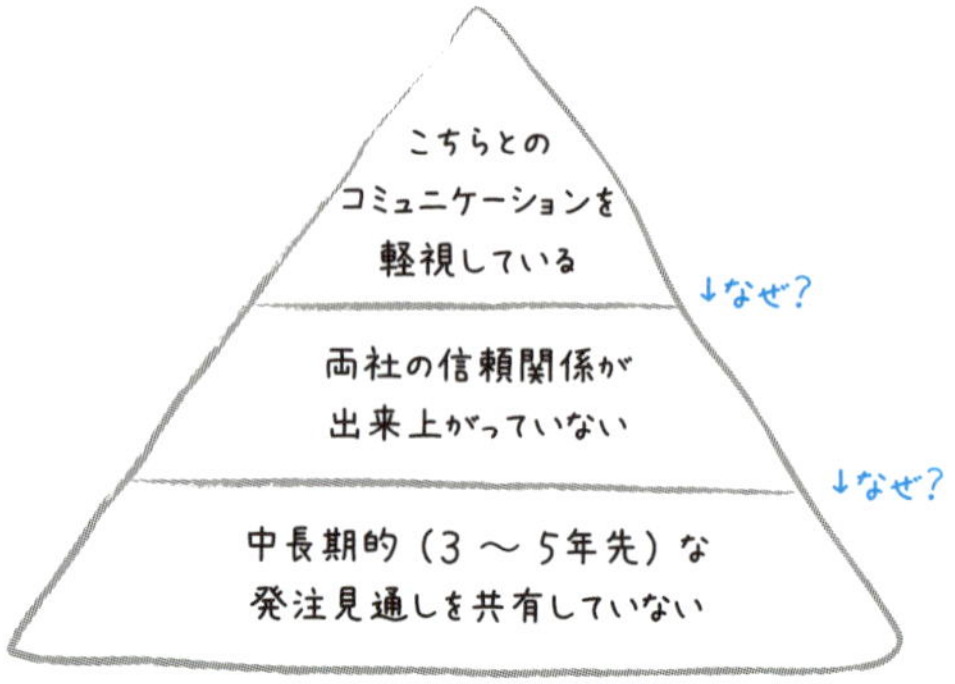
こちらとの
コミュニケーションを
軽視している
↓なぜ？
両社の信頼関係が
出来上がっていない
↓なぜ？
中長期的（3 ～ 5年先）な
発注見通しを共有していない

相手は、面談に遅刻したりドタキャンしたりするなど、コミュニケーションに対して誠実さが足りない点が目立ちました。理由としては、企業風土だけでなく、こちらとの信頼関係が十分にできていないこともあったでしょう。

では、なぜ信頼関係ができていないのか。

私は、「中長期的な発注見通しを共有していない」ことがカギだと考えました。

一時的で、しかも額の小さな取引だと思っているから、相手は当社を軽く見ています。

でも、今後も取引が続き、最終的な大きな額に育つ可能性があるとわかれば、当社への向き合い方は変わるはず。

つまり、「当社とのつき合いには、豊かな未来がある！」と相手に伝えられれば、交渉は前に進むと確信したのです。

4 キーワードを掘り下げる

～図解して解決のきっかけを見いだす

相手企業と中長期的なビジョンを共有できれば、現在の関係を大きく改善することが可能です。

しかし、それを実現するためには、もう一工夫必要でした。

相手企業の交渉担当者は、日本の駐在員でした。この人には大きな決裁権がなかったため、仮に中長期的な話し合いをしても、問題解決にはつながりそうもありませんでした。

実は、以前も「決裁権を持つ本国の役員・部長クラスと交渉させてほしい」と頼んだことがあったのですが、そのときは「こちらは英語も日本語も通じないので、日本の担当者経由で話がしたい」と断られました。

しかし、今回は金額の大きな案件。このままでは予算未達に陥る重要なポイントだったため、

コミュニケーションのレベルを変えなければならない

と考えました。

日本にいる担当者と話すのは簡単です。しかし、これでは解決につながる可能性はごく低いと言えるでしょう。

一方、本国の役員と話すのは、かなりハードルの高い方法です。しかし、根本的な解決を目指すなら、こちらの道に進むしかありません。

そこで私は、当社の役員・部長などを巻き込み、相手企業の役員・部長と面談できるよう頼みました。

また、こちら側で通訳を用意し、相手との意思疎通ができる環境も整えたのです。

5 大きな視点で解決方法を見つける

~相手との共通点を見つけて親密に

交渉の基本方針は、「本国の役員・部長クラスに対し、中長期的なビジョンを共有。それによって当社への優先順位を高めてもらい、値上げ幅を圧縮する」ということに決まりました。

ただし、いきなり交渉が成立する可能性は低いでしょう。なぜなら、お互いの間に信頼関係が築けていないからです。

そこで、私はこんな図を描きました。

信頼関係を強めるためには、相手との距離を縮めることが必要です。

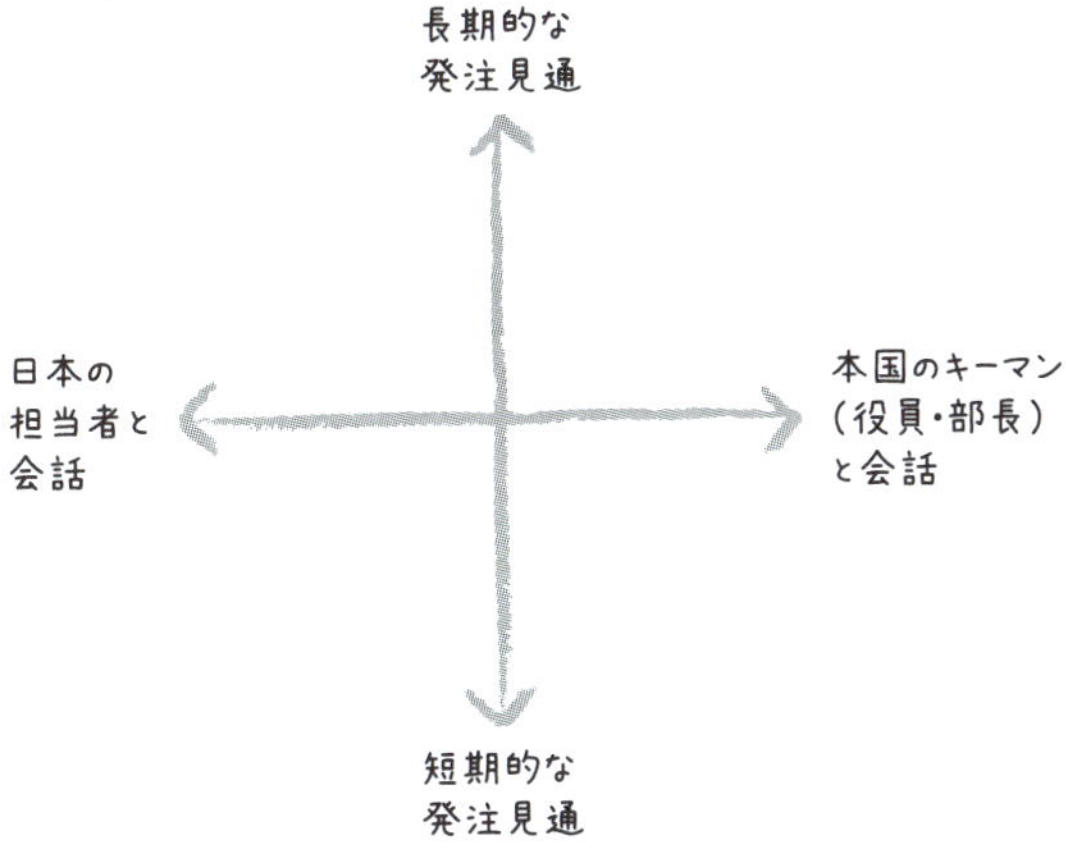

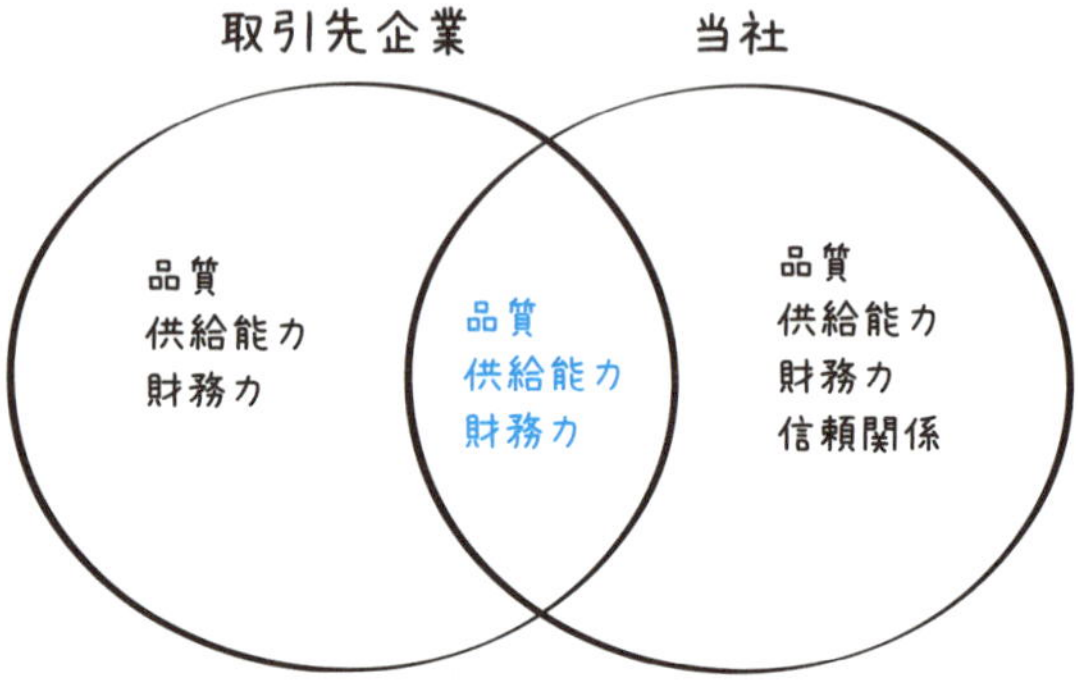

そこで有効なのが、**互いの共通点を見つける**ことです。

当社が取引先企業に求めているのは、４つの条件です。まずは品質。どんなに安くても、求めるレベルに達しない商品では買う価値がありません。

次に供給能力。原材料を安定的に届けてくれなければ、こちらの生産計画に影響が出てしまいます。

続いては財務力。ある日突然、取引先がつぶれてしまったら、購入計画に深刻な影響が出てしまいます。

そして信頼関係。約束を破るような企業とは、ビジネスはできません。

このうち、品質、供給能力と財務力については、相手が最も重視し、自信を持っている部分でした。

互いが重視している項目が重なっているわけですから、ここを突破口にして親密になるのが最善だと考えました。

6 解決の順番を考える

～取りうる手段を整理し、どれから着手するか判断

私はもう一度、現在取りうる対応策を整理しました。

第1案は、日本駐在の担当者と長期的な発注見通しに基づいて交渉を行うこと。

第2案は、日本駐在の担当者と短期的な発注見通しに基づいて交渉を続けること。

第3案は、本国のキーマンと長期的な発注見通しに基づいて交渉を行うこと。

そして第4案は、本国のキーマンと短期的な発注見通しに基づいて交渉を行うことです。

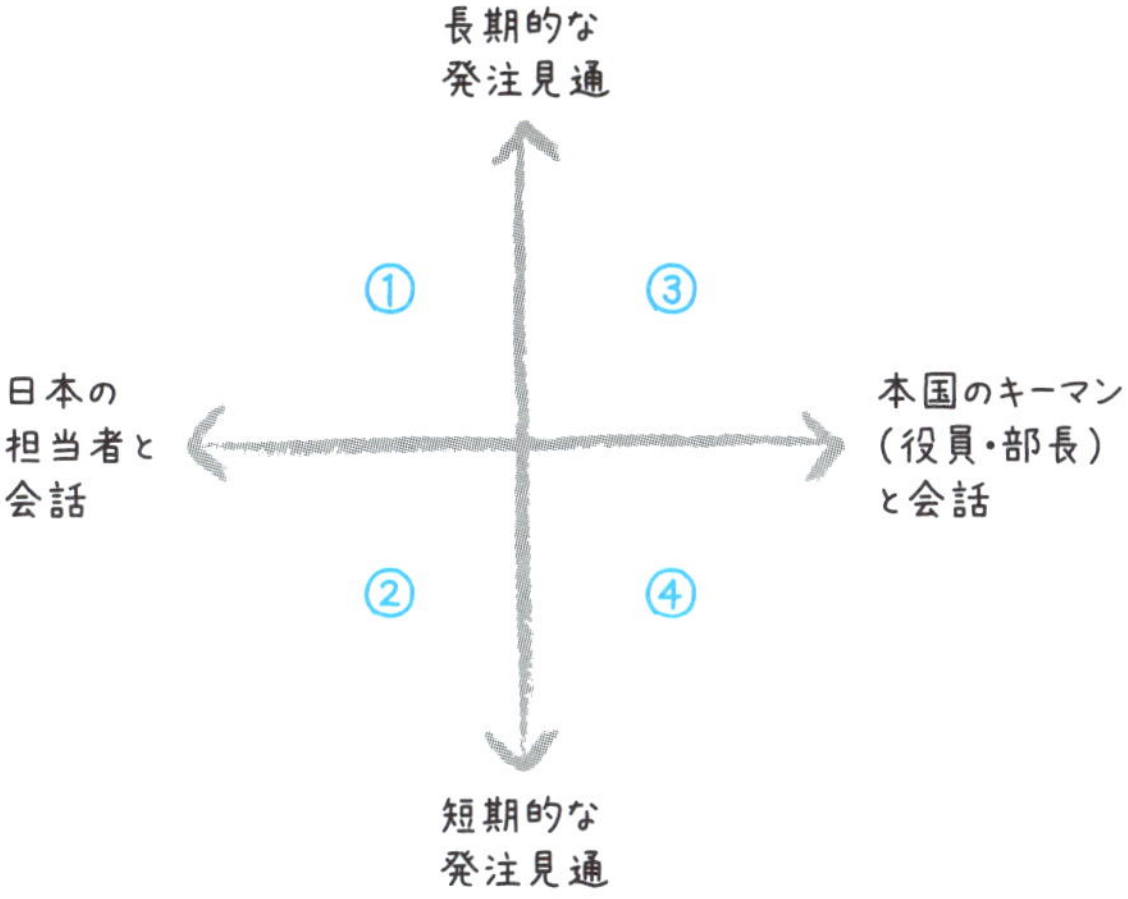

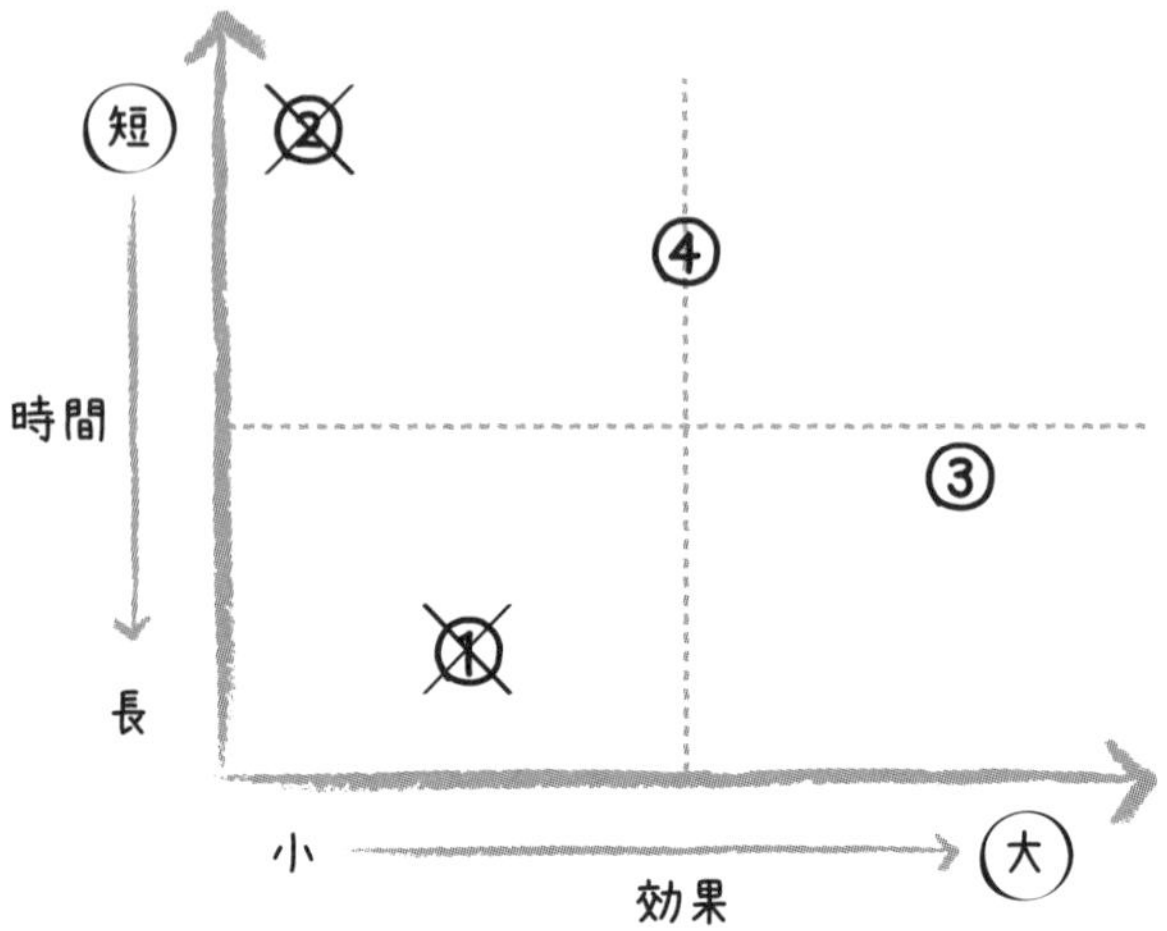

4つの案を、**期間と効果という軸で評価づけ**したのが上の図です。

日本駐在の担当者と話す第1・2案は、らちがあかない結果に終わるため、どちらもボツです。

第3案は、長期的なビジョンを共有しながら交渉するため、先方から大きな譲歩を引き出す可能性が高いでしょう。ただし、将来の取引規模を見極め、社内での合意を得てから進める必要があるため、時間がかかるのが難点です。

一方の第4案は、第3案より効果は小さいかもしれませんが、すぐ取り組める点が長所です。

私が最終的に出した結論は、「まずは第4案で交渉を始め、長期的な発注見通しを社内で煮詰めてから第3案に切り替える」というものでした。

こうして、私たちは交渉を再開したのです。

7 相手に伝える

～具体的な日程を示して互いに共有

最後に、前項で決めた解決策を実行するため、段取りを組みます。まずは、両社の決裁権を持つメンバー同士が顔を合わせ、互いの本音を理解するように日程を組みました。その後、本格的な交渉をスタートすることになったのです。

ここで大事なのは、この**流れを図解して相手にも見せ、合意を取っておく**ことです。

これをおろそかにしたままで交渉を始めると、両社のベクトルがずれ、会話の中で誤解が生まれやすくなってしまいます。

すると、余計な作業や議論が増え、最悪交渉が止まる危険性が

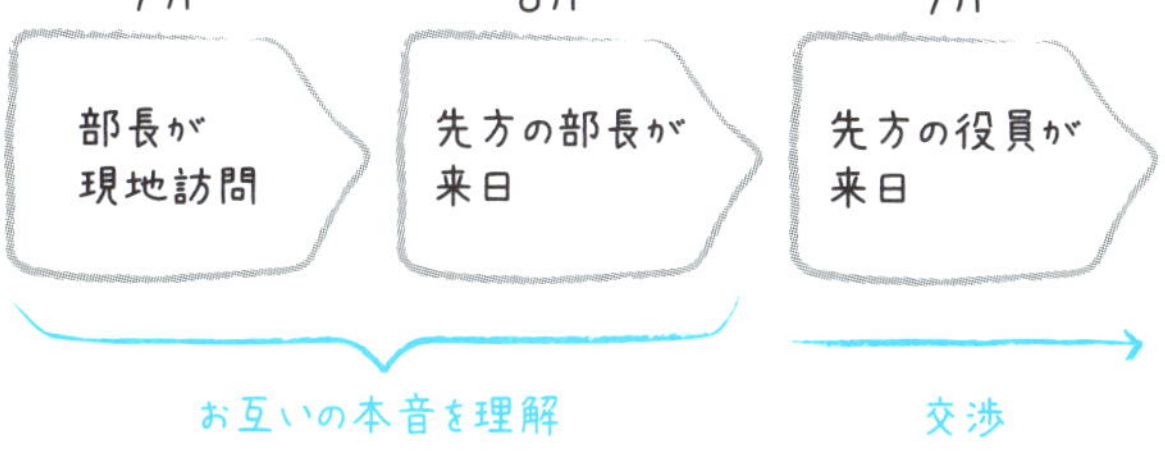

大きくなるでしょう。

バイヤーというと、頭ごなしに値下げを要求するような、一方的な交渉をしているのではと想像するかもしれません。

しかし実際は、お互いの本音を理解し、信頼関係を作ったうえで交渉しているのです。私が購入している原材料は、毎日、発注先を変更できるような汎用品ではありません。中長期的な信頼関係を築かなければ、ビジネスはやっていけないのです。

さて、両社の部長がお互いの国を訪問し、交流した結果わかったことは、文化の違いです。まさに、カルチャーショックという単語が正しいでしょう。

取引先の国は、成長著しい新興国にあるため、営業しなくても商品が売れる時代を長年に渡り経験してきたのです。まさに、殿様商売といったところでしょうか。

一方、我が日本は成熟市場。限られた市場でシェアの奪い合いが起こり、各社とも営業にしのぎを削っています。

Chapter 6
商談に使える
図解deコミュニケーション

我々から見れば、相手は顧客とのコミュニケーションを軽視しているように見えました。しかし、殿様商売が基本である先方としては、さほどの問題意識はなかったのです。

逆に、彼らの文化では、現時点でたくさん取引してくれる顧客が大事で、そうでない当社の優先順位が下がるのは当たり前のことでした。

こうして我々は相手の立場を理解したことで、3～5年先までの発注数量見通しを提示し、信頼関係を作っていくことにしました。

そして役員同士が顔を合わせ、腹を割って話し合った結果、互いの結びつきは劇的に強くなったのです。

当初要求されていた7％の値上げは撤回され、継続して取引ができるようになりました。

「①問題をピックアップする」「②問題を整理する」「③問題をまとめてキーワードを見つける」「④キーワードを図解で掘り下げる」「⑤大きな目で見て解決ポイントを見つける」「⑥解決の順番を考える」「⑦関係者に伝える」の7ステップは、どんなときでも有効です。

ビジネスの場や普段の暮らしの中で繰り返し使って、この考え方を、ぜひ自分のものにしてください。

column

会議室以外でも携帯ホワイトボートを使おう

私は常に、A4サイズのホワイトボードを持ち歩いています。そして、問題を整理・解決したいときには、すぐに取り出して図解を始めます。

これは、ある経営コンサルタントの先生とホテルのラウンジで面談した際に描いた図解です。

先生はコンサルタントの仕事を、「自分自身が提供できるノウハウと、顧客が求めていることを結びつけること」だとおっしゃっていました。

また、KJ法（要素をカードに書き出し、グループごとにまとめる方法）、5W1Hマトリックス（When、Whereなどの「5W1H」で要素を整理して考える方法）、アクションプラン（戦略を実施する時の具体的な行動計画）と

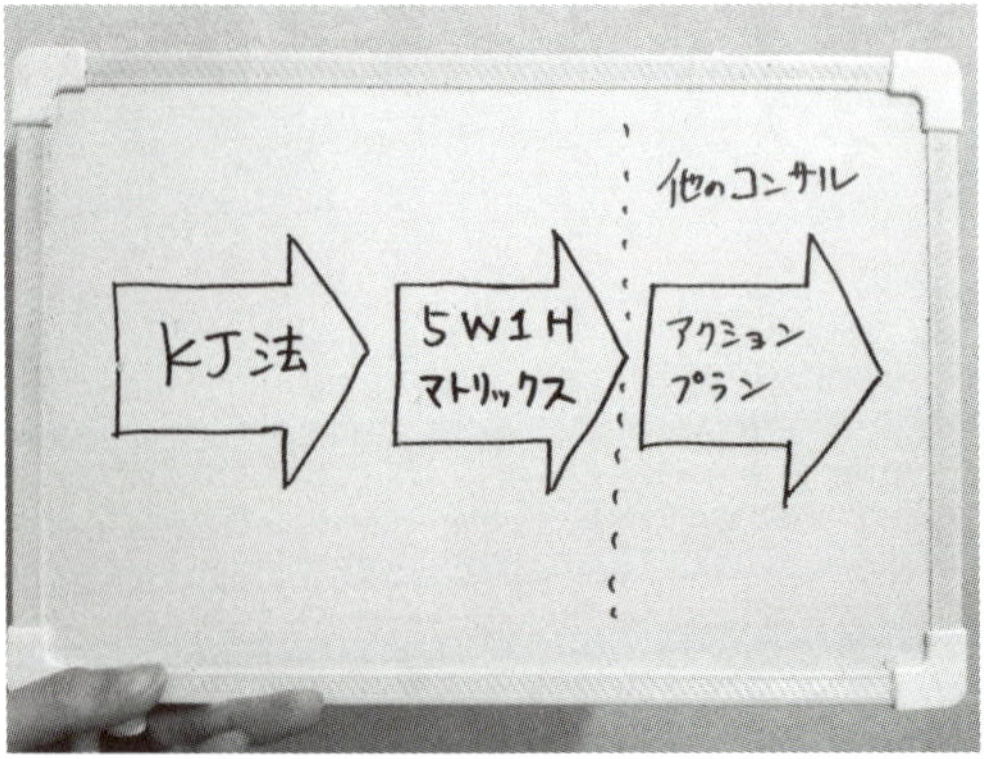

いう流れで、お客様にコンサルティングを行うそうです。

こうして図解すると、先生の話をしっかり理解することができます。

また、先生ご自身も、私の図解によって頭が整理できたと喜ばれていました。

そして、アクションプランの部分は他のコンサルタントに応援を頼むなど、新たなアイディアが浮かんできたそうです。

ホワイトボードは、会議室だけで使うものではありません。

自席で、隣り合った同僚と図解で理解を確かめ合ったり、家庭で冷蔵庫の前にぶら下げて、家族と図解で重要なことを話し合ったりすることも可能です。

つまり、いつでも、どこでも、ホワイトボード付会議室と同じ環境を作ることが可能なのです。

思考を見える化する図解 atama 習慣

Chapter 7

1 メラビアンの法則

～言葉だけでは伝わりにくい

皆さんは「メラビアンの法則」という言葉を聞いたことはあるでしょうか？

これは、アメリカの心理学者であるアルバート・メラビアンが提唱したものです。

メラビアン氏によれば、人と人とが直接顔を合わせる「フェイス・トゥー・フェイス・コミュニケーション」には、言語、声のトーン（聴覚）、身体言語（視覚）の3要素があります。

そして、これらの3要素が矛盾した内容を送っている状況下において、言語の影響力はわずか7％。

一方、声のトーンが占める割合は38％、ボディーランゲージは55％にも上りました。

つまり、**言葉だけで説明を行うと、意外に内容は伝わりづらい**というのです。

Chapter

7

思考を見える化する
図解atama習慣

メラビアンの法則

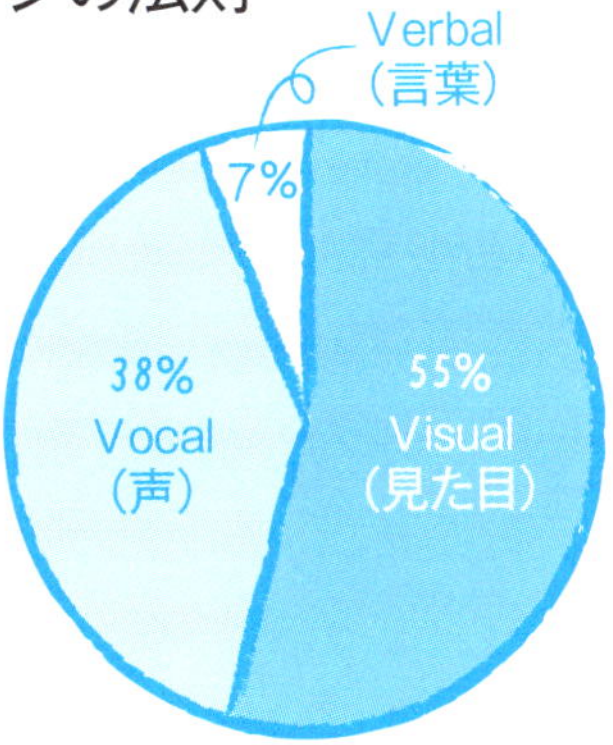

言葉だけを使って説明すると、伝えたいことの7%しか伝わりません。

一方、図を併用すれば、「言語7%＋視覚55%＝62%」も伝えることができます。

すなわち、図解を使うことで、言葉だけの説明より9倍近くもわかりやすくなるのです。

こうした鉄則は、「フェイス・トゥー・フェイス・コミュニケーション」でない場合にも通用します。

たとえば、誰かにメールを送ったり、自分自身に問いかけを行う場合にも、図解を使うほうがずっと伝わりやすくなるのです。

2 見える化

～百聞は一見に如かず

「百聞は一見に如かず」ということわざがあります。

辞書によれば、「繰り返し他人の話を聞くよりも、実際に自分の目でたしかめてみたほうがよくわかる」（三省堂・大辞林）という意味です。

頭の中で想像した「目に見えないもの」より、ビジュアル化された「視覚情報」を使って考えを整理し、説明するほうがはるかに効果的なのは、あなたも経験したことがあるでしょう。

これは、ある図解勉強会の際に使った会場の案内図です。

普段の図解勉強会は、池袋周辺の貸し会議室を拠点にして開催しています。ところが、図解改善を応援いただいているコクヨ様のホールで開催することがあります。

休日の場合、コクヨホールは正面玄関に鍵がかかっています。そこで、図解勉強会が開か

Chapter 7
思考を見える化する図解atama習慣

12月8日 図解勉強会ー 会場案内図

09:00〜開場 09:30〜開演

<コクヨホール>
品川駅港南口より徒歩3分です。

<入り口>
休日のため正面玄関は開いておりません。
赤丸で記した、奥の方へお進み下さい。

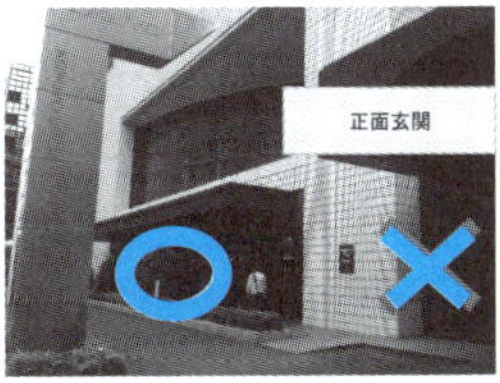

赤丸方向にお進み頂くと、入り口がありますので、
そこから中へお入り下さい。

当日は、看板を立てる予定は御座いませんが、
スタッフが誘導をさせて頂きます。

中に入られたら、左手奥の階段から、
2階へお上がりください。

以上、お気をつけてお越し下さい。
図解改善士:多部田憲彦

れる会場に入るためには、専用の小玄関から入場する必要があります。

当初、案内は次のように、文字・言葉だけで行っていました。

「休日のため正面玄関は開いておりません。正面玄関から向かって左側にお進みいただくと入口がありますので、そこからお入りください。そして、左手奥にある階段から2階にお上がりください」

ところが、これではわかりづらく、受講生の1割くらいから、「どこから入るのですか？」と問い合わせをいただいていました。

しかし、**地図・写真入りの案内図をお配りしてからは、当日の問い合わせは一切なくなりました。**

まさに、百聞は一見に如かず。

目に見える情報は、これほどまでにわかりやすいものなのです。

3 頭の片づけ作業

〜メモは書類・図解は収納〜

図解とは、**頭の中身を整理して不要な情報を捨て、進むべき道を選びたいときに威力を発揮します。**

これは、洋服を整理する流れに似ていると言えるでしょう。

タンスの中にたくさんの洋服が押し込まれ、ゴチャゴチャしていると、必要な服をすぐに取り出せませんよね。

「今日は、あの服を着よう」と思っても、どこにしまったか思い出せず、片っ端から引き出しを開けなければならなかったという経験は、かなりの方がお持ちではないかと思います。

洋服を片づける際には、4つのステップを踏むとうまくいきます。

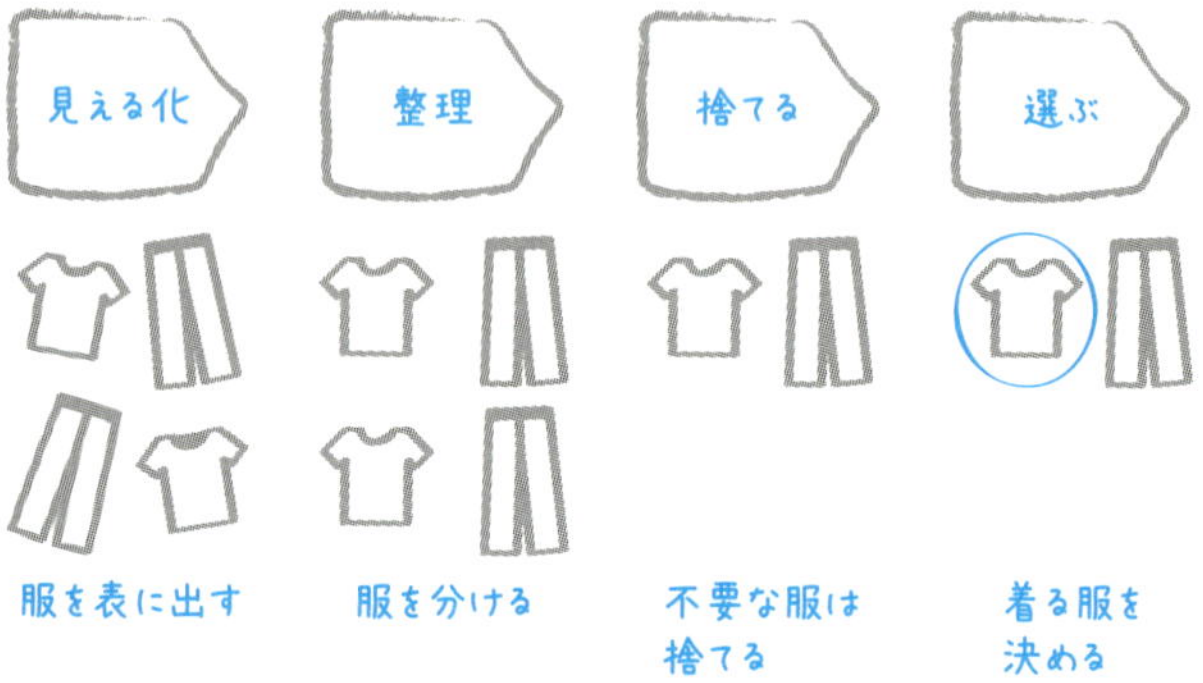

最初に取り組むのは「見える化」です。

持っているすべての服を床に広げ、どんな色・形の服を何着持っているのか確認するのです。

次は「グループ化」。

夏物・冬物など、種類別に服を分類していきます。

続いては「選択肢の絞り込み」。

似たような服を何着も持っているなら、古いものを思い切って捨てます。また、季節外れの服はクローゼットの奥にしまいましょう。

そして最後は「決断」。

残った服の中から、今日着る服を決めるのです。


図解をすることは、これと全く同じです。

付箋などに書き出した情報は「洋服」に、それらを整理するための図は「引き出し」に相当するのです。

さらに、頭の中の情報をすべて書き出す「見える化」、図を使って情報を分類する「グループ化」、不要な情報を捨てて考えやすくする「選択肢の絞り込み」、そして、適切な情報を元に進むべき道を選ぶ「決断」などの過程も、洋服の整理にとてもよく似ています。

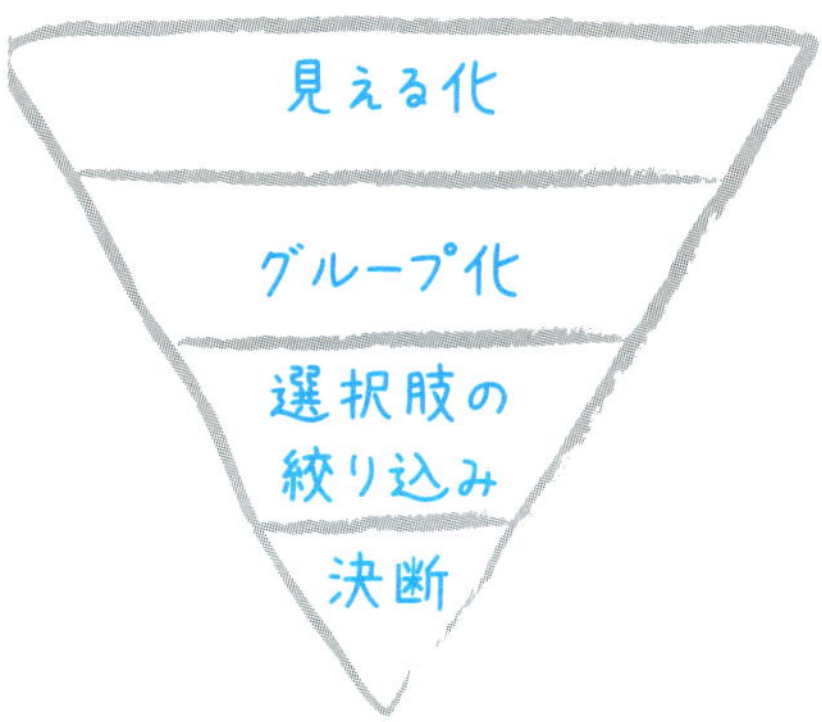

4 思っていることを全て具体的にメモする

～「見える化」で頭の便秘もスッキリ！

人から「図解バカ」と呼ばれる私ですが、どんなときでも図解を使うわけではありません。たとえば、社員食堂で299円のA定食を食べるか、399円のB定食を食べるか悩んだとき、わざわざホワイトボードを取り出して図解する、なんてことはしません。

図解を使うのにふさわしいのは、頭をクリアにしないと正しい決断ができないような問題です。

「できれば思い出したくない仕事上の課題」や「親にも相談できない悩み」は、考えているだけで気が重くなるものです。

だから、気持ちが消極的になり、課題から逃避しがちになってしまいます。その結果、ますます解決が難しくなって、さらに嫌な気持ちになる……

そんな「負のスパイラル」に陥ってしまうケースが多いでしょう。

Chapter

7

思考を見える化する
図解atama習慣

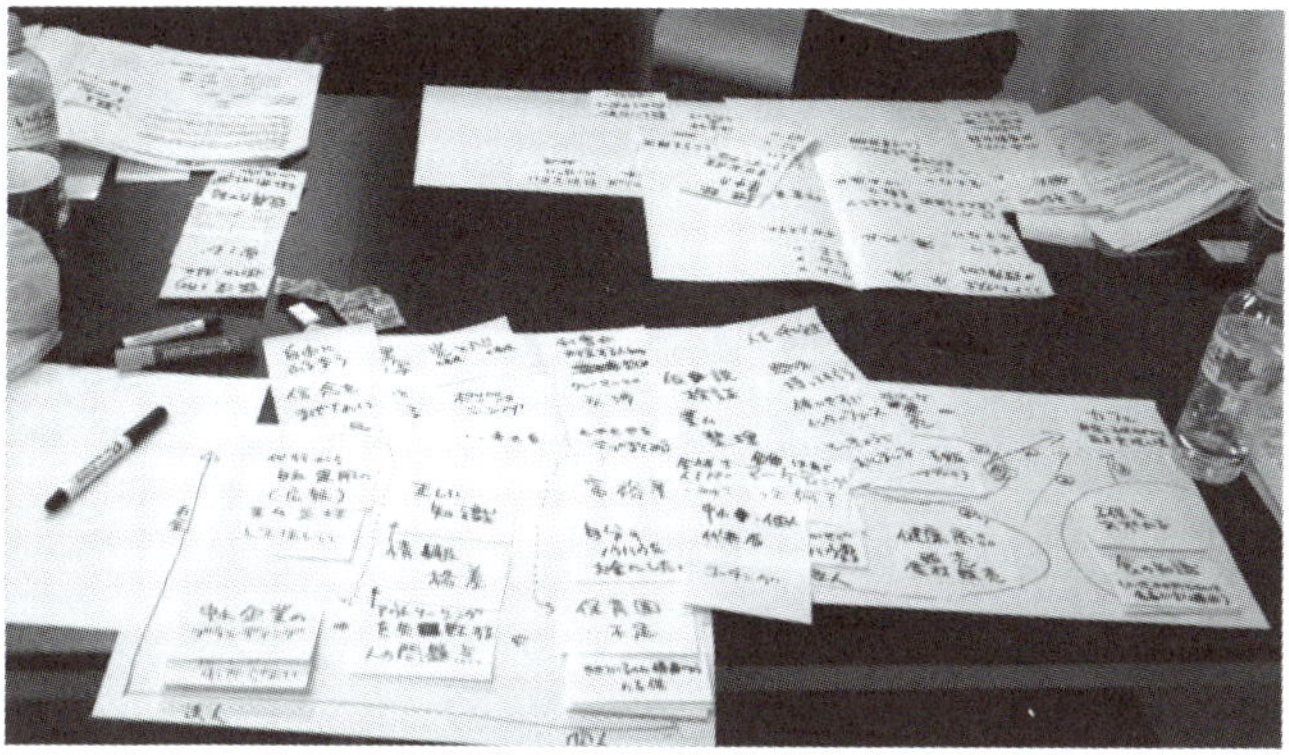

頭の中だけで考えていると、問題から逃げ腰になってしまいます。本当は問題が30個も40個もあるのに、「考えたくない！」という気持ちが邪魔して、3、4個のピースしか見なくなってしまうのです。

そこで、頭の中にある情報をすべてメモに書き出し、問題を強制的に「見える化」してしまいましょう。すると、意外や意外、便秘が解消するようにスッキリした気分になれるのです。

図解勉強会では、たっぷり時間を取って、現在の問題や思い、人生の目標などを付箋にぶちまける作業をすることもあります。

作業の前には、「そんなにたくさん書けるかなあ？」と半信半疑の人が多いものです。

しかし、実際に書き始めてみると、思いが止まらなくなる人が続出。中には、制限時間をオーバーして書き続ける人もいます。

時には、それまであまり意識に上らなかったような欲望や妄想（のようなもの）が、表面化することもあります。でも、自分に素直になって書いてみると、意外な発見があるものです。

人間は、自分が思っているよりもずっと多くのことを、考えているものです。それらを具体的に書き出して「棚卸し」すると、気持ちが実にさわやかになります。

ぜひ、普段から、**思ったことのすべてをメモする習慣をつけましょう。**

すると、スッキリした気持ちで毎日を送ることができるのです。

5 メモは具体的に

～単語ではなく「～を（が）～」とメモする

前項で説明した通り、「具体的にメモをする」ことはとても大事です。そこで、そのコツを1つお教えしましょう。

それは、「～を（が、に）～」というスタイルでメモするよう心がけることです。

ある図解勉強会で、女性スタッフの方に、「女性同士におけるコミュニケーションの悩み」というテーマでメモを書いてもらいました。

その結果、次のような付箋が並んだのです。

励ますのが苦手

褒めるのが苦手

相談にのるのが苦手

流される

噂話がきらい

嫌と言えない

この中で、具体的でない付箋が２つあります。

１つ目は「流される」。

これだけだと、「相手の話に流される」のか、「自分の話を流されてしまう」のかわかりません。まさかとは思いますが、「相手によって川に流される」ということかもしれませんね。ともかく、どんな状況かわかりづらいと言えます。

もう１つは「嫌と言えない」です。

こちらも、「人の話に嫌と言えない」「相手の誘いに嫌と言えない」「相手の意地悪に嫌と言

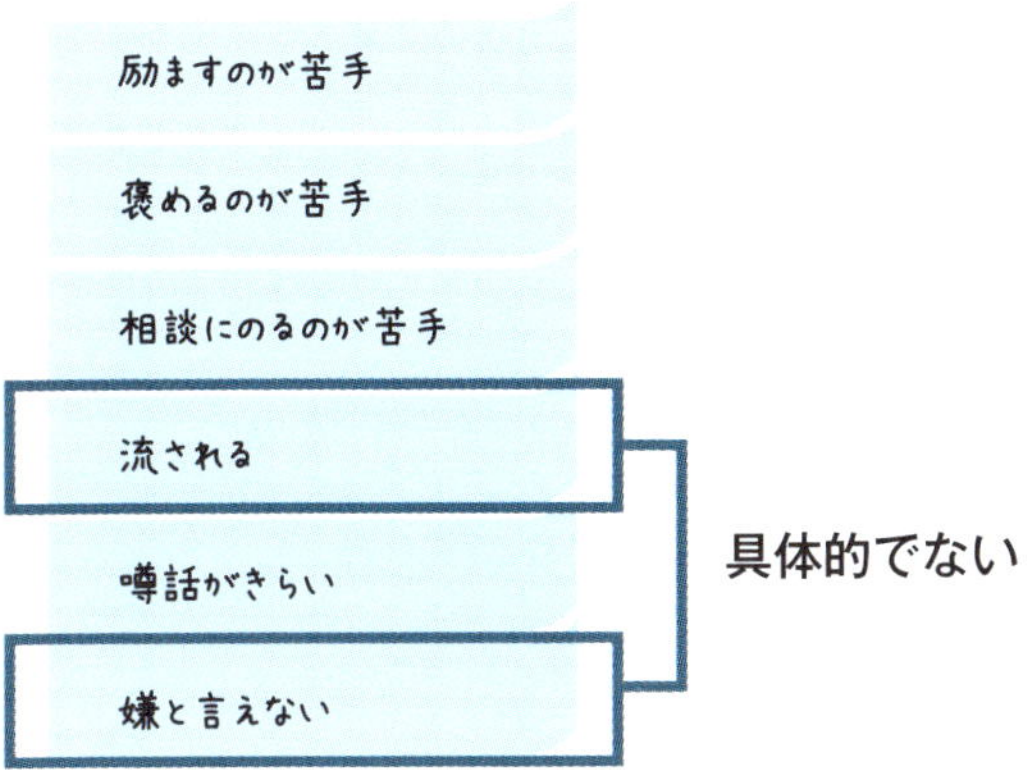

えない」では、その内容・深刻さが変わってきます。

このように、**主語や目的語が曖昧なままでは、考えがきちんと整理できない**のです。

また、後で付箋を見直したときに、そのとき自分が何を考えていたのかわからなくなってしまいます。

そこで、メモを取る際には必ず、「（主語）が〜だ」「（目的語）をorに〜だ」のように書くことが大事なのです。

6 常にメモできる文具を携帯する

～状況に応じて使い分けよう

思ったことをすべて具体的に書き留めておくためには、常に道具を持ち歩くことが必要です。そこで、私が普段使っている文具を紹介しておきましょう。

主なものは、次の5つです。

（1）付箋

一番の主役はこれです。

2・5センチ×7・5センチ程度の小さなものと、7・5センチ四方程度の大きいものを持ち歩き、アイディアが浮かぶたびに書き留めています。

そして、メモがある程度たまったら、模造紙やボードなどに貼っていきます。

大きいサイズのほうが、たくさんの情報を書き込めて使い勝手はいいでしょう。

ただし携帯はしにくいので、服のポケットなどには小さめの付箋を入れておくことが多いです。

私は、住友スリーエムの「ポスト・イット®強粘着シリーズ」を愛用しています。

粘着力が強ければ、付箋がはがれてなくなる危険性が低いからです。

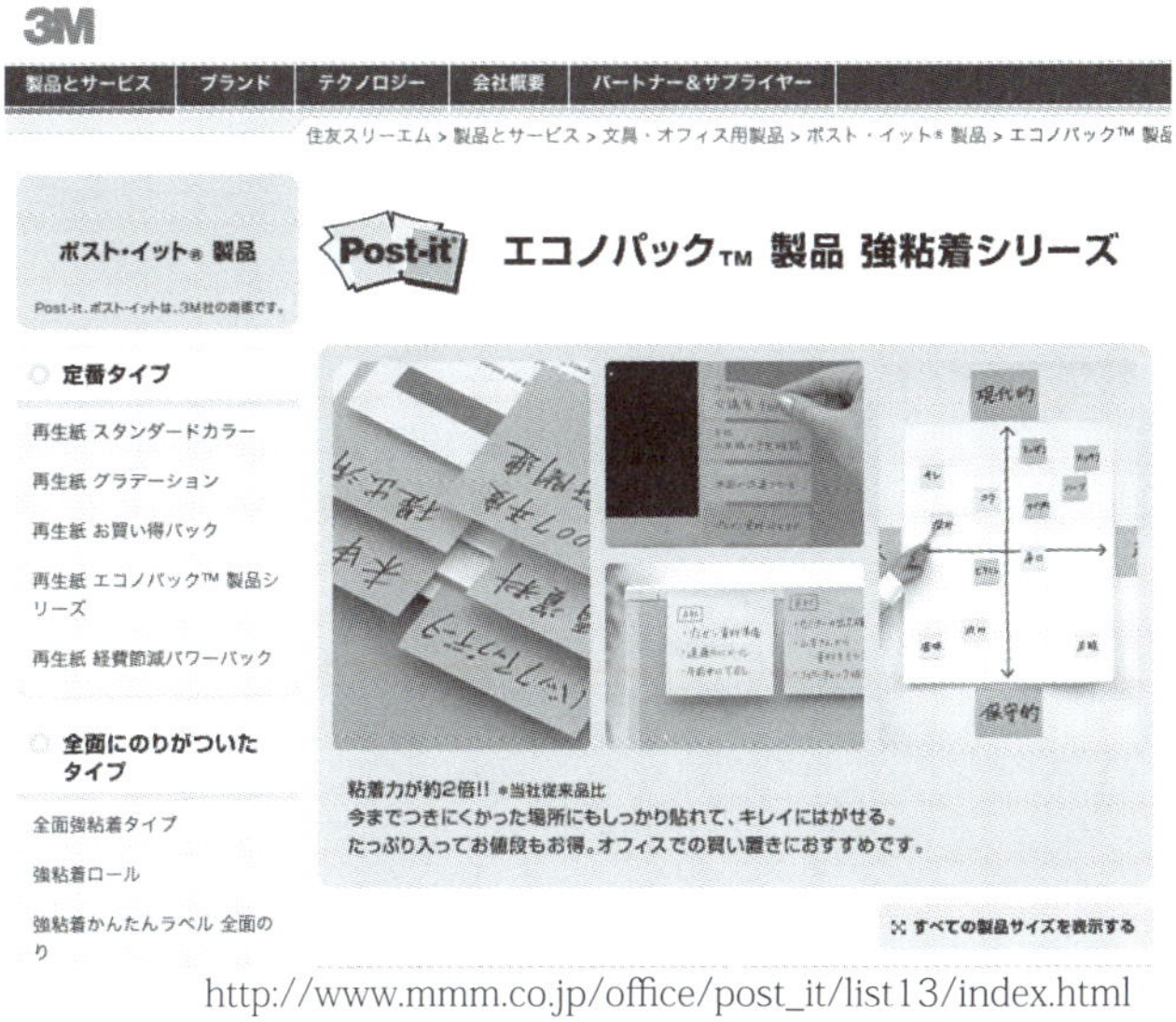

http://www.mmm.co.jp/office/post_it/list13/index.html

（2）紙のノート＋専用のスマホアプリ

紙のノート・手帳も、よく使っています。

最近愛用しているのは、コクヨ社のノート「CamiApp」。

紙に書いたメモや図解をスマホの専用アプリで撮影すると、傾き・歪みを補正してページをきれいにデータ化し、自動的にメール送信やタグづけができる仕組みです。

また、後からスマホ上で編集できる点も便利。

職場以外でもメモや図解をする機会が多い私にとって、もはや必需品です。

（3）iPhoneのボイスメモアプリ

書くことが難しいときは、iPhoneのボイスメモアプリを立ち上げて音声メモを残します。

さまざまな音声認識メールソフトがある中で、私は、Advanced Media社のアプリを使っています。口頭で録音した内容に対して、正確に文章化してくれるからです。

「ずかいべんきょうかい」と話したら、きちんと「図解勉強会」と変換してくれたときは感動しました。

Chapter
7
思考を見える化する
図解atama習慣

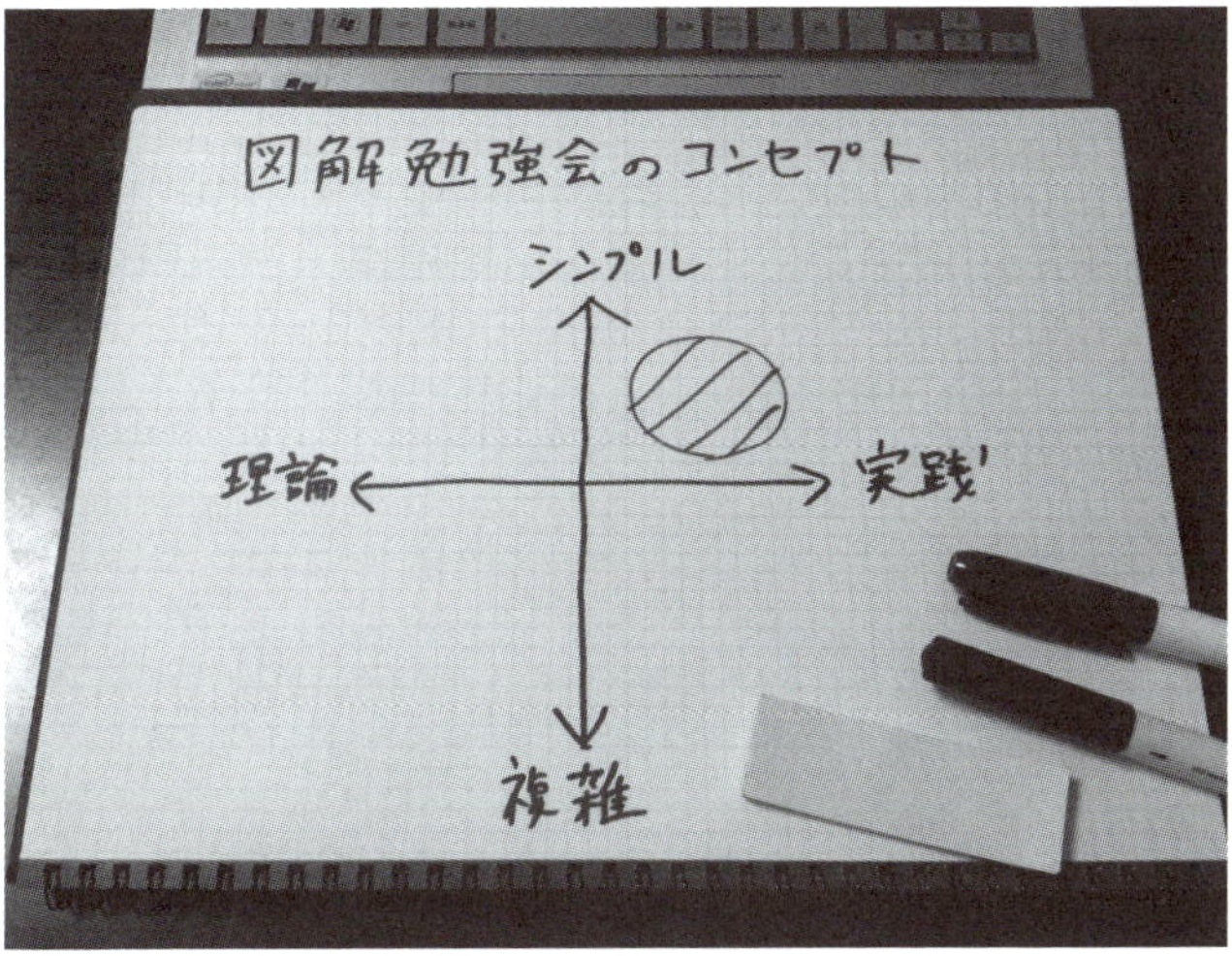

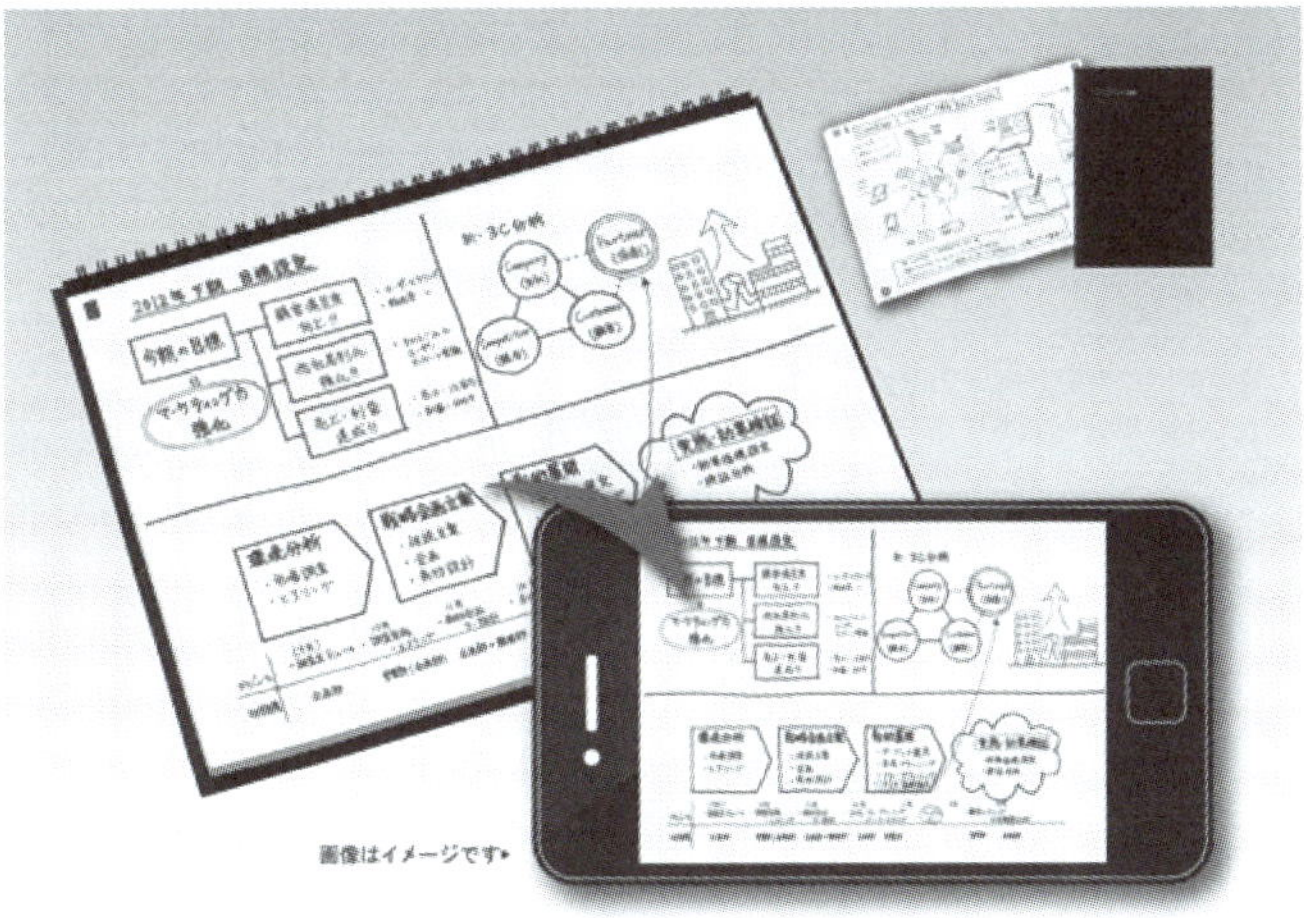

図解やマインドマップに最適なA4ヨコ型をラインアップ

http://www.kokuyo-st.co.jp/stationery/camiapp/

（4）ホワイトボード

私はいつも、100円ショップで買ったA4サイズのホワイトボードを持ち歩いています。これは、図解を使って相手に説明するためのものです。

ただし、手近に付箋などがない場合に、ホワイトボードの片隅にメモを取ることもあります。これも、後日、付箋に転記します。

ホワイトボード消しつきのペンも100円なので、本体と合わせて、合計200円で一式揃います。

（5）エクセル

パソコンでエクセルを開き、そこにメモを書き込むこともあります。

付箋によるアナログなやり方と、エクセルによるデジタルなやり方には、それぞれ一長一短があります。

付箋の長所は、とにかく手軽なこと。

思いついたらすぐにメモできますし、それをボードに貼って、あれこれ移動するのも簡単です。

ただ、付箋はいつか粘着力を失ってはがれます。長期保存には向いていないのです。

一方、エクセルはソフトが立ち上がるまでに時間がかかるなど、便利さでやや劣りますが、長期保存できるのがメリットです。

つまり、「すき間時間を使って頭を整理するならアナログ方式で、長期間考え続ける必要があるプロジェクトならエクセルなどのデジタルツールで管理」などのように、使い分けをするといいでしょう。

実は今回、この本が出版できるようになったのも、付箋を持参していたお陰でした。

本書の企画がスタートしたのは、2012年7月1日のこと。そして、7月末には企画案をまとめ、編集会議に提出する必要がありました。

ところが、私はサラリーマンとして、朝7時半から夜10時まで仕事をしていました。さらに、7月最終週にはアメリカ出張の予定が入っていました。加えて休日は、当時1歳半の息子の育児を担当。

とても、企画をみっちり考える時間は取れないと思ったのです。

ところが、7月7日の土曜日のこと。

私は横浜のららぽーとで、家族と一緒に買い物をしていました。そこで、妻の友達と偶然会い、妻と息子は、その友達一家と一緒に食事をとることになりました。

私は突然、ぽっかり2時間の空き時間が得られたのです。

そこで付箋を取り出し、本に関するアイディアをとことん書き出しました。

そして、これを7月下旬のアメリカ出張に向かう飛行機の中でまとめ、編集担当の方にメールでお送りしたのです。

企画作りに費やしたのは、横浜ららぽーとの2時間と、飛行機内にいた10時間ほど。

これだけの短時間で完成できたのは、普段からメモ道具を持ち歩いていたお陰でしょう。

Chapter

7

思考を見える化する図解atama習慣

会社勤めされている方の中には、仕事と家族サービスでまとまった時間が取れないという方がいらっしゃるでしょう。私もそうです。

でも、付箋などを使ってメモを取り、それを後日まとめるやり方なら、すき間時間を使って考えることが可能になるのです。

忙しい人にこそ、ぜひ活用してほしい方法だと思います。

column

図解勉強会の運営問題は、やはり図解で解決

図解勉強会は当初、7人の方がボランティアで運営を手伝ってくれていました。ただし、皆さん仕事などで忙しく、全員が顔を合わせるのは勉強会当日だけ。そのため、お互いの意思疎通がうまくいかないことも少なくありませんでした。たとえば、別の人がそれぞれ領収証を準備してムダな作業になったこともあれば、受付名簿を誰も準備せず、当日になって大慌てしたこともありました。

そこで、2011年の暮れ、私たちは6時間にわたって会議をしました。そして、勉強会を運営する際に起こる問題を全て付箋に書き出し、そこから見えてきた改善案を、時間の長短・効果の大小の視点から優先順位をつけたのです。

そうして導き出した結論が、「作業スケジュールと役割分担を全員で共有する」というものでした。

column

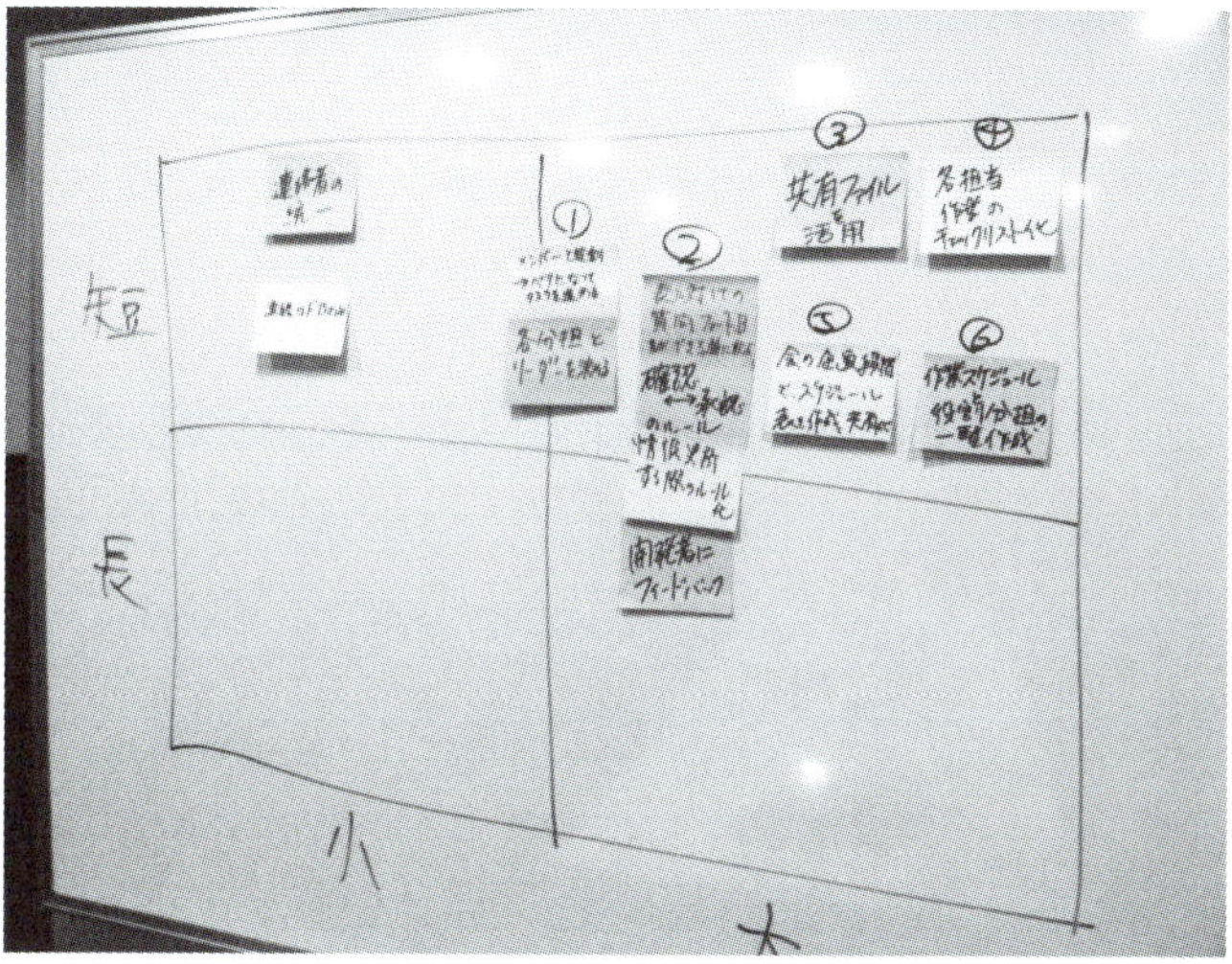

それを実現するため、Dropboxというクラウドサービスを使ってエクセル・パワーポイントのファイルや画像などを共有しました。

その結果、メンバー同士の理解が深まって勉強会の段取りはとてもスムーズに進められるようになったのです。

図解勉強会の運営を、図解を使って改善する。とても私たちらしいやり方だと、自画自賛しています。

終わりに

図解と聞くと、「プレゼンテーション」に使うものだと考える人は多いでしょう。

もちろん、図解はプレゼンをするときにも有効です。

しかし、私が強調したいのは、「図解は頭を整理し、問題解決法を見つける最高のツール」ということです。

これまで説明してきたように、図を描くことで「いい・悪い」「要る・要らない」などの基準が明確になり、頭の中が整理整頓されて自然に解決方法が浮かび上がってくるのです。

そこで大事なのが、何度も繰り返してきたように、「とにかくメモを取ること」です。

頭の中で考えていることは、実は曖昧だったり、矛盾していることが多いもの。

それを書き出し、「見える化」するだけで、頭の中はずっとスッキリするのです。

中には、メモを取るなんて面倒という人もいるでしょう。

しかし、そこを乗り越えれば、あなたの思考能力は大きく伸びます。「図解に慣れたいなら、まず、メモに慣れよう」と、ぜひ、肝に銘じてください。

問題を解決できないとき、人は悩みます。

問題を解決できないのは、改善方法がわからないからです。

そして、改善方法がわからないのは、問題の表面を見るだけで、その本質に気づいていないからなのです。

逆に言えば、とにかくメモをして問題点を見いだし、図解で整理して解決方法を突き止められれば、問題解決に近づくことができます。

そうすれば、あなたの人生は、霧が晴れたように見通しがよくなるでしょう。

また、図解は頭で覚える「学問」ではありません。

繰り返し使って、身体で習得する「道具」だということを忘れないでください。

お世話になっている改善の先生は、1カ月に1度、数百人が勤務する工場で指導をしています。

先生によれば、改善のノウハウを教え込むまでの必要期間は6カ月程度。しかし、それが定着するまでは3年もかかるのだそうです。

6カ月指導した企業を3年後に訪れてみると、改善前と同様に、ものが乱雑に置かれ、ムダばかりの工場に戻っていたという経験は珍しくないと言います。ダイエット後にリバウンドしてしまうように、せっかくの改善が無駄になってしまうのです。

元に戻らない仕組みを築くためには、改善を頭で理解するだけでは不十分です。何度も繰り返し、身体に染みつくまでやらなければいけないのです。

そのためには、小さな改善から成功体験を積み重ね、徐々に大きな結果を出す。そして、関係者全員で成功体験と改善の意識を植えつけることが重要だそうです。

説明書を何冊読んでも、自転車に乗れるようにはなりません。

時には転びながら、とにかく自転車に乗ってみるのが、最高の上達法なのです。

皆さんも、ぜひ普段から図解に親しみ、その使い方や効果を身体で知ってください。

図解は、人の悩みを解決し、前に進むパワーを与えてくれるツールです。

1人でも多くの人がこのスキルを身につければ、それだけ幸せな人が増えるでしょう。

それは最終的に、日本そのものを元気にすることにもつながると思っています。

最後に、この本を生み出すにあたって私を支えてくれた皆さんに、心よりお礼を申し上げたいと思います。

出版という方法で図解を広めるという提案をしてくださった、田口智隆さん、松尾昭仁さん、天田幸宏さん、岩見浩二さん。原稿作りを手伝ってくださった白谷輝英さん。出版決定後、出産・子育てをしながら私を支えてくださった、編集者の藤田知子さん。事例提供に協力してくださった、高倉己淑さん、Kさん。図解勉強会の運営を手伝ってくれている中村はるみさん、安居耕子さん、徳丸亜紀さん、征矢大忠さん、松元広宣くん、清水真くん。志村隆広さん、久保修一さんなど、図解改善に共感してくださっている皆様。図解勉強会とのコラボを持ちかけてくださったコクヨの曽根原さん。出版を快諾してくださった、日産自動車の浦西部長、中山主管。図解と改善を学ばせてくださった、前職の日本とタイ工場の皆様。本当に、ありがとうございました!

そして、異国の地で子育てしながら私を支えてくれている妻のアディサイ。私を育ててくれた、父・憲一と母・佐知子にも感謝しています。

図解を日本中に広めていくことが、私の生涯のミッションです。
皆さんの助けを借りながら、今後も前に進みたいと思っています。

2013年4月

図解改善士　多部田　憲彦

＜参考文献＞

「図で考えるとすべてまとまる 」クロスメディア・パブリッシング　村井瑞枝　著
「頭がよくなる「図解思考」の技術 」中経出版　永田 豊志　著
「ウォールストリート・ジャーナル式図解表現のルール」かんき出版　村井瑞枝　著
「ノート・手帳・企画書に使える！図解表現　基本の基本」明日香出版社　飯田 英明　著
「ビジネスモデルを見える化する ピクト図解」ダイヤモンド社　板橋悟　著
「夢が現実化する「1 枚図解」」明日香出版社　池田千恵　著
「図で考える人は仕事ができる」日本経済新聞社　久恒啓一　著
「「キレ」の思考「コク」の思考」東洋経済新報社　村山昇　著
「コンセプトのつくりかた 「つくる」を考える方法」 ダイヤモンド社　玉樹真一郎　著
「ビジネスは論理力」アスペクト　北島雅之　著
「「超」発想法」講談社　野口悠紀雄　著
「続・発想法」中央公論社　川喜田二郎　著
「書くだけでストレスが消えるノート」扶桑社　有田秀穂　著
「書くだけで人間関係の悩みが消える　ダメだしノート」アスコム　DDN プロジェクト　著
「書くだけで人生が変わる嫌なことノート」アスコム　嫌なことノート普及委員会　著
「日産 V-up の挑戦　カルロス・ゴーンが生んだ課題解決プログラム」
　中央経済社　日産自動車株式会社 V-up 推進・改善支援チーム　著
「日産 驚異の会議 改革の 10 年が生み落としたノウハウ」東洋経済新報社　漆原次郎　著
「図解　ミスが少ない人は必ずやっている [書類・手帳・ノート] の整理術」
　サンクチュアリ出版
「たった 1 分で人生が変わる片づけの習慣」中経出版　小松易　著
「人生がときめく片づけの魔法」サンマーク出版　近藤麻理恵　著
「世界一やさしい問題解決の授業」ダイヤモンド社　渡辺健介　著
「現場の変革、最強の経営　ムダとり」幻冬舎　山田日登志　著
「人が変わる、組織が変わる！　日産式「改善」という戦略」
　講談社　武尾裕司、井熊光義　著
「トヨタ式「改善」の進め方」PHP 研究所　若松善人　著
「絶対！伝わる図解　面白いほど通るプレゼン作成術」朝日新聞出版　池田千恵　著
「ワンランク上の問題解決の技術」ディスカヴァー・トゥエンティワン　横田尚哉　著
「マイクレド」かんき出版　浜口隆則、村尾隆介　著
「問題解決のためのファンクショナル・アプローチ入門」
　ディスカヴァー・トゥエンティワン　横田尚哉　著
「ザ・マインドマップ」ダイヤモンド社　トニー・ブザン　著

■図解で改善クラブ（図解勉強会）■

図の描き方を学ぶことが目的ではなく、
「図解を知っているから、使えるようなる！」を合言葉に、
図解を習慣化し、悩みや課題の解決を目指す会です。

公式フェイスブックページ　（会員数：３８５０名）
http://www.facebook.com/ZukaiKaizen
公式メールマガジン（読者数：１９８０名）
http://archive.mag2.com/0000206325

※上記サイトにて、勉強会のご案内をしております。
※人数は、２０１３年０４月時点の情報です。

■連絡先■

norihiko.ta@gmail.com
http://www.facebook.com/norihiko.TA

※お気軽にご連絡下さい。

■著者略歴
多部田　憲彦（たべた　のりひこ）
日産自動車（株）ルノー日産共同購買本部
リージョナル・サプライヤー・
パフォーマンス・マネージャー

小学3年生で、吃音（どもり）症となって以来、人との会話が苦痛になり、孤独な学生生活を送る。

2002年、光ファイバー製造メーカーに入社、製造現場で「図解と改善」を学ぶ。

翌年、入社2年目で同社タイ工場の改善を任され、言葉が通じないタイ人相手に、図解で意思疎通し、6ヶ月で改善業務を完了させる。

2007年、日産自動車（株）に転職。原材料のグローバル購買戦略を実行し、担当する地域は11カ国に及ぶが、世界各国の社員と、図解で確実な意思疎通と、問題を解決できる強みを持つ。

ゴーンCEOが開発を命じたV-upプログラムで、2011年度課題達成優秀賞を受賞。

週末は、育児の合間に、自称：図解改善士として、2010年から図解勉強会を開催し、
これまで、600名以上の受講生に、図解を使った問題解決方法（＝図解改善術）を伝えている。
口コミが広まり、ＮＨＫやアントレなど、メディアからの取材も多い。

本書の内容に関するお問い合わせ
明日香出版社　編集部
☎(03) 5395-7651

誰《だれ》でもデキる人《ひと》に見《み》える　図解《ずかい》 de 仕事術《しごとじゅつ》

2013年　5月　11日　初版発行

著　者　多部田憲彦《たべたのりひこ》
発行者　石　野　栄　一

明日香出版社
〒112-0005 東京都文京区水道 2-11-5
電話 (03) 5395-7650（代表）
(03) 5395-7654（FAX）
郵便振替 00150-6-183481
http://www.asuka-g.co.jp

■スタッフ■　編集　早川朋子／久松圭祐／藤田知子／古川創一／田中裕也／余田志保
営業　奥本達哉／浜田充弘／渡辺久夫／平戸基之／野口優／横尾一樹／関山美保子
アシスト出版　小林勝　総務経理　藤本さやか

印刷　株式会社文昇堂
製本　根本製本株式会社
ISBN978-4-7569-1623-5　C2036

編集担当　藤田知子

働く女《ひと》！私が 32 才から始めたこと

川本　佐奈恵

32 才から英語を始めて、英会話スクールを経営するまでになった著者が、30 代から新しいことを始めるまでの経験とその心構えを簡単なルールにまとめました。「何か始めたいけど、どうしたらいいかわからない…」そんな 30 代女子が今日から取り入れられるルールが盛りだくさん！

定価 1365 円　B6 並製〈216 ページ〉
12.05 発行　978-4-7569-1550-4

「期待以上」と思われるプロの接客作法

藤村　純子

お客様の期待を超え、次につながる接客をめざすには、特別なことはしなくて OK。現場やお客様の立場から見た接客現場の事例をもとに、マナーやコミュニケーション、姿勢、お声掛けのしかたなどを中心に、イラストを入れてやさしく解説する。

定価 1470 円　B6 並製〈232 ページ〉
11.11 発行　978-4-7569-1503-0

「要領がいいね！」と言われたい人の仕事の習慣

石谷　慎悟

要領の悪い人たちは、思い込みで仕事を進める、目的を忘れて作業をする、細部にこだわりすぎる、仕事の段取りを組むことができないなどの問題がある。そうならないための仕組みを紹介し、実践できるようにする。

定価 1470 円　B6 並製〈192 ページ〉
11.07 発行　978-4-7569-1469-9

あたりまえだけどなかなかできない　営業のルール

西野　浩輝

営業テクニックについて解説した本を読んでみても、実際はなかなかうまくいかない。なぜならテクニックに走る前に、営業マンとして、ビジネスマンとしての基礎ができていないからである。本書ではこのあたりまえだけどなかなかできない基礎を 101 項目で紹介する。

定価 998 円　B6 並製〈216 ページ〉
05.10 発行　4-7569-0906-X

学習マップなら！　資格試験に超速合格できる本

綾部　貴淑

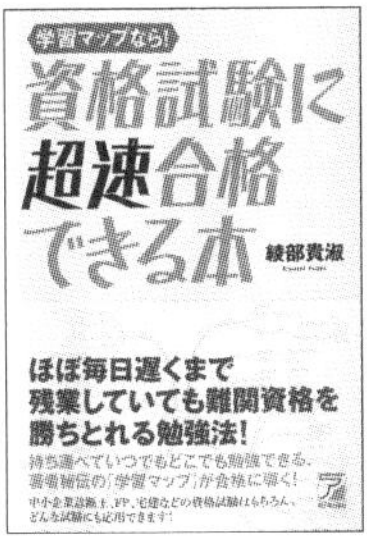

自立できるスキルが欲しいという人は多い。そのなかでもてっとり早いのが資格取得となる。普段は忙しいビジネスマンに、ラクに資格取得できる効率のよい勉強法を紹介する。

定価 1470 円　B6 並製〈240 ページ〉
12.03 発行　978-4-7569-1535-1

一生つかえる記憶力が 3 週間で身につく本

髙嶌　幸広

目の前の人の名前が思い出せない、あのときどういう話し合いを経てこの結果になったのかうろ覚え、プレゼンのときに資料を見ずにスマートに数字を織り交ぜたい……仕事で必要な記憶力とは、一夜漬けの試験勉強と違って、覚える方法さえ体得できれば一生つかえるものです。ぜひ本書でトレーニングしてください。

定価 1470 円　B6 並製〈224 ページ〉
11.02 発行　978-4-7569-1434-7

「伸びる社員」と「ダメ社員」の習慣

新田　龍著

B6 並製　240 ページ　本体 1400 円+税
ISBN978-4-7569-1575-7

仕事を一生懸命しているが、なんとなくうまくいかない人・評価されない人がいる。そこで、「できる社員」の仕事の取り組み方、考え方、やり方と「できない社員」のそれらを比較することで、自分に何が足りないのかを理解する。

いつもぎりぎりアウトの人が身につけるべき
遅れない技術

石谷　慎悟著

B6 並製　240 ページ　本体 1400 円＋税

ISBN978-4-7569-1583-2

「会議や待ち合わせの時間に遅れる」「会議の進行が遅れる」「仕事が納期に遅れる」「質問やトラブルへの対応が遅れる」など、いつも遅れてしまう人達の原因を掘り下げ、それらを解消するための方法を紹介する。

残業ゼロ！仕事が3倍速くなる ダンドリ仕事術

吉山　勇樹著

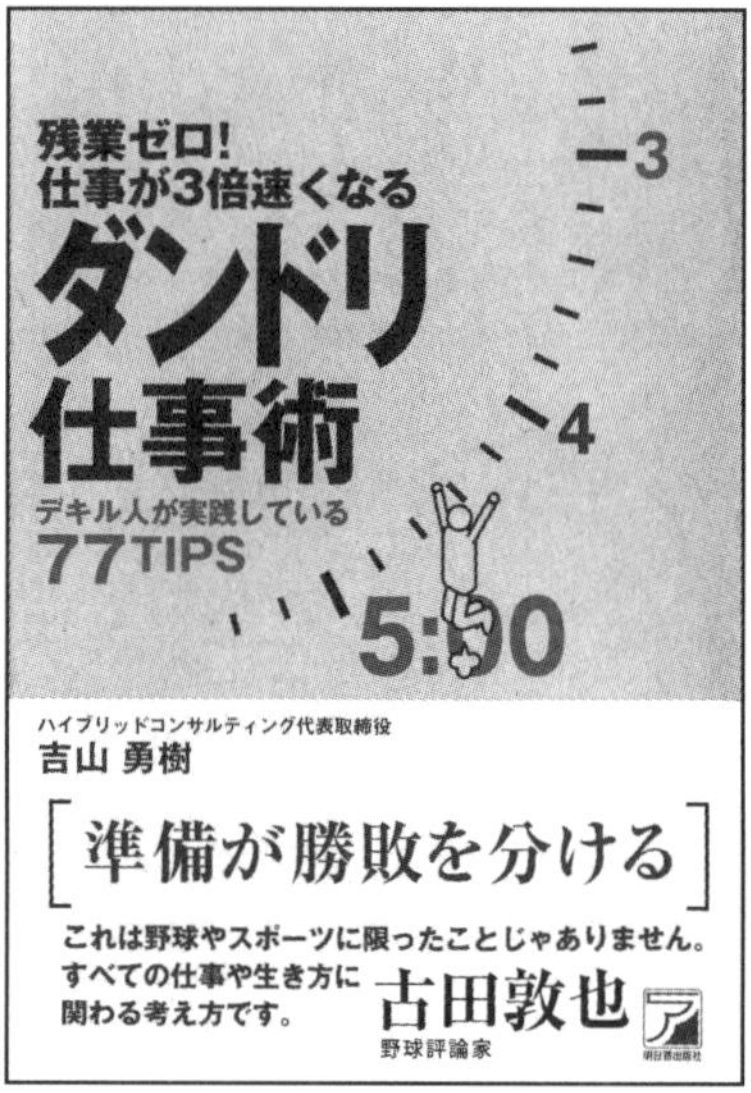

B6 並製　184 ページ　本体 1400 円＋税
ISBN978-4-7569-1249-7

ダンドリよく仕事していくための考え方と、著者自身が実践している噛み砕いたTIPSが満載。

机の上が片付かない、仕事もスマートに進められない若手ビジネスマンも、この本を読んで今すぐ始められるダンドリ仕事術。